EDUCATING YOUNG GIANTS

美基础教育大碰撞

国教育专家跨国调研实录

[美] 南茜·派恩 (Nancy Pine) 著

刘静菲 译

新华出版社

图书在版编目（CIP）数据

中美基础教育大碰撞：美国教育专家跨国调研实录 /（美）派恩著；刘静菲译.——北京：新华出版社，2014.5
ISBN 978-7-5166-0983-5

Ⅰ.①中… Ⅱ.①派… Ⅲ.①基础教育—对比研究—中国、美国
Ⅳ.①G639.2 ②G639.712

中国版本图书馆CIP数据核字（2014）第079976号
著作权合同登记号：01-2013-3927

Educating Young Giants: What Kids Learn (and Don't Learn) in China and America
By Nancy Pine
Copyright © Nancy Pine, 2012.
All Rights Reserved.
First Published in English by Palgrave Macmillan , a division of St. Martin's Press, LLC,
under the title Educating Young Giants by Nancy Pine.
This edition has been translated and published under licence from Palgrave Macmillan.
The author has asserted her right to be identified as the author of this Work.
中文简体字专有出版权属新华出版社

中美基础教育大碰撞：美国教育专家跨国调研实录

作　者：[美] 南茜·派恩		译　者：刘静菲	

出 版 人：张百新	责任印制：廖成华
责任编辑：李　宇	装帧设计：图鸦文化

出版发行：新华出版社
地　址：北京石景山区京原路8号　　邮　编：100040
网　址：http://www.xinhuapub.com　http://press.xinhuanet.com
经　销：新华书店
购书热线：010－63077122　　中国新闻书店购书热线：010－63072012

照　排：图鸦文化
印　刷：河北高碑店市德裕顺印刷有限责任公司

成品尺寸：150mm×230mm　1/20
印　张：11　　　　　　字　数：150千字
版　次：2015年2月第一版　　印　次：2015年2月第一次印刷

书　号：ISBN 978-7-5166-0983-5
定　价：28.00元

图书如有印装问题请与出版社联系调换：010-63077101

前　言

1989 年 12 月 30 日，我头靠在中国波音 747 的玻璃上，看着它缓慢降落在灯光星星点点的黑暗中。我大学毕业、担任低年级教师有相当长一段时间了，现在是和另一位老师前往中国对孩子们的学习情况进行调研。

"上海。"我低语着。

更加凑近冷冷的窗玻璃，我渐渐看清了薄雾中的楼群和街道。兴奋难耐的我也有一丝焦虑：万一下面没人接我们怎么办？我们住在哪里？我们的导师两天前打来电话说有人会在机场接我们。他们真的会在这里么？我们晚点了三个小时。现在是夜里 11 点了，我们身上也没带人民币。中国的现金是没法在国外兑换到的。

747 的轮子着陆在雨水冲刷的跑道上，我们看着零星的运输车和灯光。收拾好行李后，我们随着人流进入灰色的混凝土大楼里。

我的整个职业生涯都与教育息息相关。先是为高中学生组织国际研讨会，然后在高中教授英语，然后在加利福尼亚的小学指导孩子们学习。现在，我希望更进一步，去了解不同的文化背景下孩子们是如何学习的。当克莱蒙特研究院的教授、我的博士导师约翰·里根问我是否有兴趣调查研究中国教育的情况时，我简直无法抑制自己的兴奋之情。我心中埋藏已久的渴望呼之欲出，童年回忆中有关中国的影像也重新鲜活起来。

乘客们鱼贯而出，爬过长长的楼梯，来到出入境管理处，一个接一个地办理手续。我尽可能保持镇定，将护照交给办事人员。他目无表情地审查完毕，盖上几个章，将护照还给我，并点了点头。后面的人随即跟上。我提起自己的行李，第一次踏上了中国的土地。

空旷的机场通道尽头，有一群人等在午夜的朦胧中。透过门窗玻璃看向冬天漆黑的夜晚，我禁不住祈祷，千万要有认识的人在外面等我们啊。

我们手里拿着行李，目光向一块块接机牌看过去，没看到我们的名字。再朝人群后面看，我看见一双穿着蓝色夹克的手臂有力地挥舞着。是张峰！来自上海的研究生，几年前曾在加尼福尼亚待过。我们迎上去，他的表情放松下来，其他一同前来的中国同事也上前问候我们。

短暂的寒暄介绍后，我们进到车里。欣喜之情洋溢在每句话、每个动作里。发动机点燃了，窗户开着，我们来到了上海。

20 年前第一次来到上海，我惊异于它和洛杉矶的差异。那时还没有高速路，没有 24 小时不停歇地飞驰而过的汽车和炫目的灯光。实用的卡车、面包车、自行车、三轮车在雨水润湿的地面慢慢前行，沿途经过一幅幅宣传画，画面上有超大尺寸的洗衣机、工业发动机、新工厂，宣扬着中国在向美好的未来迈进。我们经过了一排漆黑的店铺，招牌上面的中国字对我们来说犹如天书。一趟 12 小时的飞行就把我变成了目不识丁的文盲。

接下来的三个星期里，1990 年 1 月，我们在约翰·里根关于中国文化的指导下观察了孩子们受教育的情况，日以继夜地与家长、教师、教职人员们交流沟通。

我们拜访了一些班级，每班约 50 人。每个孩子都穿着保暖裤和厚夹克，屋内和屋外一样冷。我近乎崇敬地看着黑发亮眼的孩子们全神贯注于老师快速提出的一个个问题、整齐地朗声背诵课文。但我也很惊讶地看到老师在全班同学面前批评孩子。"你没有画上这个女孩的额头。"一位老师看着画对一名四岁的学前孩子说。前额？我想，谁会要求一个这么小的孩子想到这个呢？我曾经花时间调研过欧洲和墨西哥的学校，他们和美国的公立学校很不同，但是和中国都不一样。这是我在中国调研的开始——精心设计的课程，教室里环绕着学生们有力的回应声，课堂速度让人吃惊。

此次旅程的最后，我确定了自己论文的主题：中美两国孩子早期的写字学习。一年后，我独自一人来到中国，在三个城市收集数据。我一间学校一间学校地调研，和同僚、朋友们交流，坐火车来往于各地。从那时起，我拜访中国达三十多次，每次都会进一步加深我对中国教育体系和几千年文化的理解，了解到中美两国的的教育与文化是如此不同。

* * * * * * *

教育是我的激情所在，比较中美教育的差异成为我心心念念的主题。我和各地的老师、家长们广泛交流，和他们保持着持久、深入的联系。二十多年过去了，我依旧频繁往返于中美两国，进行交流项目、继续调研，也总是收获颇多。2004 年我还在一个小山村待了三个月，了解它的历史，了解当地的孩子们如何克服教育资源和机会上的困难。

我对中国课堂以及中美两国教育差异的认识逐渐变得具体全面起来，并随着时间的流逝不断更新变化。每一次对中国教育观念的了解都让我从全新的角度审视美国的学校教育。我理解到，在中国，精雕细琢的课程和具体详细的学科知识是多麽重要，以及考试压力是如何影响教育的。我还渐渐意识到，美国的学校教育虽然越来越依赖考试，但仍很重视孩子独立想法的表达。我研究过孩子们如何学写汉字，从跨文化的误解中我们能够学到些什么，老师、学生和家长间是如何表达尊重的。我乐于和同僚、教育者们大量交流，但是其中一些并不方便透露其真实姓名和个人信息。中国人的姓是在名之前，中国人在西方生活时常常颠倒姓和名的顺序。

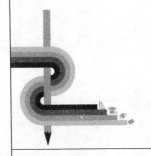

目 录
CONTENTS

＊ 本书中所提及的华人姓名均为音译。

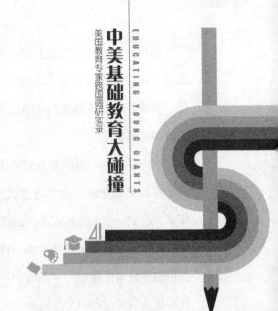

中美基础教育大碰撞
EDUCATING YOUNG GIANTS
美国教育专家跨国调研实录

第一章
后天努力还是顺其自然？

　　那是一个周六的晴朗上午。在春的气息中，看着一个个的家庭通过十字转门进入洛杉矶动物园，对即将开始的发现之旅我满心热忱。我曾带着孩子和他们的朋友来过这儿好几次，但这次我的兴奋之情却是另有原因。

　　张峰是我的中国朋友兼研究伙伴。我们打算利用这个上午探讨孩子在游览动物园时的学习方式。那已经是 1997 年的事了。若干年来，我们一直都在研究儿童的学习方式，但此类"研究"大都是在我的中国之行里的短暂会面中进行的。这次，他成了访美学者，我们也因此有了整整一年的时间一起好好对此研究一番。我也打算在与他共事的过程中为他展示一下我的世界。

　　在出口处，我一眼就认出了张峰。作为一个中国男人，他算是比较高的了。他看上去书生气十足，带着黑框眼镜，过长的腰带别在腰带的备用扣里。有时他也会摆出一副严肃的表情，但却仍旧保持着若隐若无的微笑。他走起路来有点驼背，像是为了他人能更好地看见自己而故意驼背。从他急切的跨步中我能感觉到他对这次访问充满期待。1990 年我第一次访华时，我们俩还都在读研究生。之后我们成了挚友，一起交流思想，逐渐熟识对方的家庭，探究中美儿童的学习模式。

　　我们发现，中美两国儿童的学习模式存在着巨大的差异。

　　"走吧！"我边说边推开动物园的十字转门，朝着第一条道路走去。在走过入口处附近的一个供火烈鸟栖息的池塘后，我们同其他家庭一样，倚在栅栏上看着成群的土拨鼠。这些小家伙中有的直立着看着我们，还有两只吱吱叫的土拨鼠则回头看着它们。有的土拨鼠则藏在灌木丛中，它们土蒙蒙的毛色和大地混为一体。一对夫妇正在讨论周末的计划，而他们的三个孩子则在观察着这些小动物和其他一些能吸引他们注意力的动物。

就在我们要向下一个观景点走去时，张峰沮丧地说道："那对父母都不跟孩子谈论那些动物。没有父母的点拨，孩子们怎么可能学到东西呢！"

我笑道："今天是星期六啊！这只是一次家庭外出，他们是来动物园观赏动物，放松放松的。孩子不需要一天24小时都有人指导。"

"但是有些孩子甚至都没在看动物。"张峰抱怨道，"他们在看别处或者是看别的孩子，精力全没放在正事上。他们的父母只是让孩子自己去看动物。"

这么多年来，我们经常讨论在各自文化中有利于孩子了解周围世界的不同教育方式。我们彼此坦诚相待，但是张峰所说的话却使我大吃一惊。

我答道："当一家人外出放松时，我觉得孩子应该会观察自己所想观察的。可以肯定的是，当孩子们观赏景点时，他们的父母偶尔会为他们指出有趣的事情，比如一个正在游泳的北极熊或者一只挂在妈妈身上随着妈妈在树枝间穿梭的猩猩宝宝。但是父母很少会为孩子指出这些不容易被注意到的小动物，除非他们对这些动物有特殊的兴趣。"

但这却并不能宽慰张峰，而我也没有弄明白为什么他认为对孩子的不间断指导会如此重要。之后，我们穿过鸟舍，在观赏了海狮和海豹后，进入了大型动物圈养地。一路上，他又提到只有很少一些家长在给孩子讲解动物园的动物这件事。

"中国的家长们在到达观景点之前就会给孩子进行讲解，使孩子对要看的东西做好准备，"张峰说道，"在到达观景点后，他们

就会为孩子指出动物。"他还补充道，中国家长们会不停地这么做，直到他们确定孩子看见并弄明白了。

我想，多无聊啊！换作我，我才不愿意对孩子在动物园看见了什么而事无巨细呢！他们自己可以发现很多事情。除非出现了在我看来能吸引他们的事物，否则我是不会左右他们的视线的。而他们也必然会就其他事情提问。这时我告诉张峰我认为我们已经找到了另一个可供探讨的话题。

我和张峰已经共事良久了，所以我们十分清楚当我们像在动物园里的情况一样出现了分歧时，我们就是遇上了文化冲突——某个社会中的行为和习惯在另一个社会中在我们眼中变得"错误"或者"奇怪"。他的文化中一些根深蒂固的东西与我的文化产生了冲突，反之亦然。在行事方式上，我们产生了分歧。

本书深入剖析了中美文化中有关儿童学习的不同观念，同时，追溯了此类差异产生的文化以及历史原因，并探讨了其学术蕴涵，希望借此帮助中美两国理解并完善儿童教育。

20多年来，我一直在研究中美两国的教育，以饱满的热情深究儿童与青少年获取知识以及学校强化学习过程的方式。你也可以说我的家庭是一个教育世家：我的祖母于1884年毕业于专门培养教师的新泽西师范学校；我的母亲是一位富有激情与创造性的小学教师；我的一位妹妹则管理一家一流幼儿园。而14年来，我教过各个年级的课程，从幼儿园一直到高中，其中有几年还在加州帕萨迪纳市一家学校负责低年级的英语和西班牙语的双语教学。作为一个初等教育项目的负责人，我曾在洛杉矶圣玛丽山学院工作了十年。同时，作为一名教师教育工作者，我也曾花费大量时间培训了洛杉矶整个地区的学校教师。最近,我又开发了一个项目,将圣玛丽山学院与中国的教育者以及大学联系了起来。

我和中国的意外结缘始于1990年的冬天。那一年,我作为一个在职研究生,在我的博士生导师约翰·里根以及他几年前在南京大学英语系认识的同事的邀请下,来到中国东部进行了为期三个星期的调研。本着全心全力帮助他人了解不同文化的复杂性以及价值观的初衷,里根老师尽可能详细地为我和其他人介绍了中国。在幼儿园和小学度过了三个星期的紧张调研生活后,我已经可以和中国的父母、教师、教工以及学生自由交谈了。而我的生活轨迹也发生了变化。

我迫切地想要了解到底是什么提高了人们的学习能力以及文化与语言体验是如何塑造这一个过程的。所以一年后我只身一人回到中国,收集论文中与中国有关的数据。自那以后,我变成了中国的常客。

对中国的一次次造访使得我对于中国儿童的教育方式有了更进一步的了解。在这个过程中,我也注意到了美国教育中一些被我认为是理所当然的方面。在与我的中国同事的通力合作下,我的研究项目终于完成——这项研究剖析了中美两国教育风格与方式的层层差异,使得双方能够注意到各国儿童学习方式中的细微差异。这项持续了三年的研究分析了中国低年级儿童学习写字的方式,并在中国学生通过拉丁字母表学习中文、英文或者其他语言时在阅读和写作两方面的基本差异研究方面取得了很多意想不到的进展。在中国,人们甚至对于教师以及教育的态度都存在着巨大差异。在与中国家长以及学生的交谈中,我了解到,从孩子很小的时候开始,家长就教育他们在家在学校要尊重并遵从长辈。但他们也就中国对考试"见缝插针"式的强调表达了失望之情,这也使得我对中国的教育环境有了一定了解。通过

对城市以及郊区学校大量的密切观察，我已经获得了必要的资料和信息，以将中国的学习过程和我甚为了解的美国学习过程进行比较。同时我也通过大量走访和讨论对创造性、创新性以及二者在中美两国的产生和发展进行了研究，希望能够帮助中美两国为儿童创造更为有趣积极的学习体验。这些都是我用来研究两国教育体系和教育方式的部分方法，而这些方法为本书提供了动力以及基础。

在研究过程中，我发现中美两国的普通民众以及决策人似乎都很钟情对方的学校体系，而紧接着，一些明显的事实也显现出来。中国学生都有着出众的数学考试成绩，而美国学生则没有；美国学生拥有轻松的上课氛围和交谈的自由权，而中国学生却没有。我们都知道这种一般性的概括并不适用于一种特定文化中的所有儿童；我们也也明了这样简单的概括可能会导致偏见产生，这对任何一方都不好。但是，当我们将两国学生的学习和受教育方式相比较时，巨大的差异不容否认。

美国人十分好奇中国学生出类拔萃的原因，也想知道采用中国的一些教育方式能否有助于提高美国学生的学习成绩。与此同时，中国的教师和家长也很欣赏美国学生大胆提问并创造性地表达自我的能力。本书探讨了两国学校和学生的长处以及两国教师与家长彼此羡慕之处。各个章节研究了中美两国的学习以及教育方式，目的不在于纯粹地指出差异或者进行否定评价，而在于探讨两国值得互相学习的地方。最后，随着孩子进入日益全球化和竞争化的21世纪，本书试图找出双方的教育体系所缺失的东西。

尽管中美两国的历史千差万别，但是两国都已做出郑重承诺，表示要普及由政府出资的义务教育——在中国，义务教育范围覆盖一年级至九年级；而在美国，义务教育则覆盖一年级至十年级，之后，根据各州惯例，学生有权选择继续完成 12 年的学习或者直接退学。中国的全民（包括女孩）教育始于 1949 年中华人民共和国成立之时。截至 2011 年，中国绝大多数适龄儿童都已入学。在美国，十九世纪中期，美国教育之父霍勒斯·曼恩成功说服马萨诸塞州引进全民教育。之后纽约以及其他一些州也纷纷效仿。但是直到 1915 年全民义务教育才普及到美国的所有州。

中美两国的教育规模都是令人瞩目的。根据现有的可比较数据来看，2002 年，美国已经拥有 5400 万小学生和中学生；而在中国，这个数字已超过 2 亿，几乎是美国的四倍。同时，美国与中国的小学和中学数量也分别达到了 12.8 万所与 5.54 万所。但是，中美两国教育体系中的结构却惊人地相似。孩子们首先根据自身需要选择不同阶段的幼儿园课程，接着便进入小学、初中以及高中进行学习。他们还可以根据自身意愿选择是否攻读学士学位以及硕士学位。两国的师资培养以及教师资格认证大同小异，而中国仍不断致力于提高师资水平。在我的研究刚开始时，即 20 世纪 90 年代早期，中国很多地区的小学教师仍旧是在所谓的高等高中接受培训，而大部分高中教师则都是大学毕业生。如今，越来越多城市的小学教师也逐渐取得了大学文凭，而很多乡村教师也可以通过暑期课程或者其他课程提升技能并获取证书。中美两国都要求教师具备很多方面的相关知识，包括儿童与青少年发育成长、教育方法以及要任教的领域。然而，不同于美国教师，中国的小学教师不会执教多门课程，他们通常只负责一门课程的教学工作。同时，中国也在致力于培养更多的中学教师。另外，美国教师可以通过教师培训以外的项目获得教

师资格认证，而中国教师则不允许这么做。

中国的教育体系属于自上而下的集权式管理，管理权由位于北京的教育部以及其他相关部门掌控。中国教育的财政拨款、课程改革、教育评估以及教师资格审定的相关文件都源自北京。20 世纪 80 年代至 90 年代早期，教学的所有方面几乎都受到集中的管理。例如，1986 年之前，中国所有的学校都是使用统一教材，而且全国的教学进度经常保持高度一致。但是，自那以后，中国的教育管理权开始逐步下放。截至 2011 年，一些出版商已经获得政府授权，可以进行不同系列教材的研发，而这些省市的教育管理者也可以根据自身需要从这些教材中选择最合适的教材。这一切都反映出了教育管理权的下放。

然而在美国，课程及其评估则是由各州以及当地政府控制管理，各州与联邦政府间也存在着复杂的关系。尽管国家法律会管理某些地区的教学，比如要求地区指定相应策略以帮助低分学生以及有特殊需要的学生，但是学校体系中诸如课程内容以及教师资格认证等方面的内容则由各州掌控。宾夕法尼亚大学的教授理查德·英格索尔通过对六国师范教育的比较研究发现，美国教育体制中权利的下放程度十分惊人。相比于其他国家，美国对成绩如何判定得分这一问题的关心使得国内监管向着更好程度与更广范围逐步过渡。2002年，美国国会通过了教育改革法案《不让一个孩子落后》，旨在全面提高全美儿童的受教育水平。该项法案强制学校将教学重点放在学生的阅读、写作以及数学考试上，同时不断弱化甚至抹杀其他课程的重要性。然而近十年后，该法案却受到了家长以及教师的强烈抵制，那些因为教学成绩未能及时提高而面临失去联邦资助的学校也对此表达了不满之情，相关呼吁开始出现，要求给予各州更多自主权。同时，2011年通过的"通用核心标准"在遭到由州立学校官员以及其他教育参股人士组成的特别小组的封杀后，又在全国范围内再度抬头，但是各州已经有权选择是否采用这套标准。

让人觉得比较好奇的是关于如何提高美国学生成绩的辩论愈演愈烈。我在中国进行调研的这几年中也亲眼看到了一个极具讽刺意义事实：美国教育者试图效仿中国教育者，培养更多更注重学术修养并能在国际大赛中取得更好成绩的学生；而中国教育者十多年来却一直试图摆脱对应试教育的依赖并削弱其对课程设置以及学生生活的控制。中国教育者希望借鉴美国课程中那些具有自发性和创造性并以学生为中心的因素，而这些因素恰恰是美国教育者极力弱化的。同时，那些将中国教育者压得喘不过气的教室环境在美国的标准化测试中却得到了越来越多的青睐。

自从那天上午我和张峰在动物园就育儿观念出现分歧后，同样的分歧——选择父母指导下的学习还是选择儿童自主学习——也出现在了我的研究以及其他很多关于在中国学习的研究中。这些研究的内容涵盖了对从学前教育到高等教育各个阶段教育的探究。在一项揭示中美两国中产阶级家长如何帮助他们四岁的孩子使用新玩具的调查中，研究人员发现两国家长使用的方式有着天壤之别。这项研究由王小蕾负责。王小蕾出生于中国，曾就读于南京师范大学，现任纽约佩斯大学教育学教授。在研究过程中，王小蕾发现中国孩子与玩具的接触与熟识主要由他们的妈妈掌握，她们会要求孩子集中注意力并给予指导。这些妈妈会为孩子展示玩具的操作方法并给出额外的指导，以确保她们的孩子能理解。接着，她们会要求孩子演示部分的操作方法并阐述他们从中学到的知识。一旦孩子犯了任何错误，中国妈妈们都会马上

纠正。而美国妈妈则完全不同。她们会询问孩子如何下手或者玩具是如何操作的。她们偶尔也会为孩子提供备选方案，但是一般情况下，她们是不会提供任何指导的，除非他们的孩子屡试屡败。

当研究人员将各位妈妈的反应分成三组，即妈妈完全掌控型、妈妈指导孩子学习型以及孩子自主领悟型时，中国妈妈和美国妈妈在方法采用上的差别便越发明显。中国妈妈有87%的时间都在掌控孩子与玩具的互动过程，然而美国妈妈只有7%的时间会这么做。

作为一位西方母亲与教师，我对这些发现的第一反应是：中国妈妈没有给孩子留一点机会，完全扼杀了孩子自主发现的权利。这么一来，乐趣何在？自主性何在？在我看来，早期孩童阶段是个充满乐趣的阶段，孩子们可以通过发现和提问来开发学习能力。同时，这个阶段也是孩子们体验新事物、接受新信息的阶段，是孩子们为新知识而兴奋的阶段，是自主发现新事物并借此获得成就感的阶段。

从我这个西方人的视角来看，中国的方式使得孩子们的学习环境变成了一潭死水。中国的孩子固然得到了很好的指导，但是他们却很少有机会自己去探索，去犯错并从错误中汲取教训。但这只是我个人本能的、带有民族中心主义的反应，是基于我这个生活在美国的家长和教育者所学到的价值标准的反应。我敢肯定，这种信念是从我的祖父母以及父母那里继承而来的，并随着我的成长被广泛地从我身边人的文化习惯中吸收接受。我怀疑，中国家长会认为我的观点太过懒散，目的性不强，至少张峰肯定会这么认为。而且，根据我在中国多年的学习经历，我还了解到，中国家长虽然也喜欢让孩子体验新事物，但是体验方式却和我所熟悉的大相径庭。

我的现任中国研究同事于振友虽然对中国的教育惯例也持批判

态度，但他仍旧认为从孩子的幼儿园阶段开始美国就错失了很多锻炼强化孩子学习能力的机会。这时便出现了一个矛盾，这个矛盾存在于中美两国渴望从对方的教育学体系中获得的东西中——美国人希望学生们更加努力学习，以更认真严肃的态度对待教师所教授的内容。但同时，我们却又给予他们很大的空间，让他们在不断的失败和尝试中寻找答案，认为这有助于开发他们的思维。我们教导他们将生活与自身的想法以及所学之物联系起来，对手头资料的强化学习却不够重视；而中国人则习惯对孩子耳提面命，教导他们学习该学之物并给出学习的方式，以期能锻炼孩的发散性与探索性思维。两国学习的基本模式所巩固强化的，似乎恰恰是各自希望改变甚至根除的。

在与参与学龄前儿童和玩具这个研究的妈妈们进行进一步交流后，王小蕾和她的同事问起妈妈们选择这种与孩子交流的方式的原因。中国妈妈们典型的回答是："小孩子没有独立完成任务的能力。大人们需指导他们，为他们演示完成任务的步骤，以便孩子们能够学会下次该怎么做。"而美国妈妈们的回答则是："孩子自己能够探索并学习。我们只是引导他们而不会替他们做任何事。"

密歇根大学的心理学家哈罗德·史蒂芬孙花费了几十年的时间对美国、中国以及日本进行了对比性研究。他发现，中国妈妈总是不厌其烦地表示，一旦孩子们入学，他们的主要任务就是好好学习。"妈妈们的任务则是尽一切可能保证孩子们能够好好学习，"史蒂芬孙写道，"她们认为教育对孩子的未来至关重要。"与此相反，美国家长则普遍认为除了好好学习外，孩子们在童年还可以取得很多其他的成就。童年是孩子们学习独立的时候，也是孩子们参加校外活动的时候，如学习音乐、棒球、青少年足球、骑自行车、游泳或是参加女童军，

亦或是去教堂做礼拜。美国家长们认为这些活动在为孩子提供欢乐的同时，也为孩子们提供了开发脑力和体力的机会，帮助孩子们学习合作等的社交技巧，还可能开发孩子的长远兴趣。中国孩子也参加很多课程，如钢琴、书法、体操、国际象棋或者其他一些活动，比如为某一个特殊场合准备的校园表演或者为当地网络报纸的儿童专栏撰写短文。但在中国，这些活动则显得更为正式，更具学术气息，目标直指某些特定的结果或成就。因此，参加校内体育联盟之类的事情很少存在于中国家庭的考虑范围内。与美国家庭不同的是中国家庭将重心更多地放在了对有组织性的教育方面的追求上。

中美两国对于学习能力的观点存在本质区别。美国人更欣赏先天能力，经常说："她十分擅长数学，所以这次考试她考得很好。"或者"他能如此幸运都是因为他天生是个学语言的料。"我也曾对我的孩子以及他们的朋友说过类似的话，这些话甚至会被我当作自己短处的"挡箭牌"。美国人或许也欣赏勤奋努力，尤其是为了谋生或者糊口的努力，但是人们却有种潜在的观点——先天能力以及天生才能在学习中占据主要地位。与此相反，中国人则推崇刻苦努力，认为"世上无难事，只怕有心人"。

我的一个朋友，安微，出生于中国中部陕西省的一个贫困村庄。作为村庄中第一位高中生和大学生，他取得了诸多成就，成为了政府高层及外交官的翻译官。和大多数中国人一样，安微也认为是后天努力帮助他突破了自身能力的局限性。在谈到他的大学生涯时，他告诉我：

作为一个学生，你必须优秀。你必须成为顶尖的学生。但是我却是个笨学生，和很多同学相比，我不够聪明睿智。所以我必须笨鸟先飞，花费比其他人更多时间在学习上。高中时，我每个星期天几乎全用来学习，但那个时候我们没法看书看到很晚，因为学校晚上十点熄灯。所以我总是比其他同学早起一个小时，赶在他们起床之前进行晨读、背单词以及大声朗读。我就是这样变成一个优秀学生的。

这使我想起了孔子《论语》的开篇语："学而时习之，不亦说乎？"这位公元前六世纪的学者花费了大量时间努力钻研先哲以及智者的作品。而他的弟子则记录下孔子的言论："我非生而知之者，好古，敏以求知者也。"

千百年来，国内外的学者以及领导者对孔子的著作进行了多次翻译以及再译，但是孔子想要传达的基本思想却始终保持不变，即能力的差异并不是问题，开发人的潜能才是真正重要的事情，而这则需要努力工作。

这种儒家传统在现代中国依旧显而易见。每天，中国学生都会花费比美国学生多得多的时间来研读书籍。尽管有些美国家长以及教育者抱怨课业负担过重，一些学生也确实背负着过重的课业负担，但是这些和中国学生的课业要求相比起来则完全是小巫见大巫。

布朗大学的研究人员金丽以及她的同事对不同文化对待成就的态度进行了调研。他们也发现西方人倾向于将学术成就归功于个人能力，而中国学生则将成功归功于后天努力。但金丽也写道，尽管不甚明显，但是美国人也认为后天努力有其重要性，中国学生也承认先天能力有一定作用。

密歇根大学心理学家史蒂芬孙在对中国、美国以及日本的学习

理念以及相应结果进行了对比性研究后发现："相对而言，美国人非常容易发现某一层次的先天能力所造成的局限性。"当他和其他研究员要求中国和美国的学生对有助于取得好成绩的各类因素的重要性进行排序时，北京的孩子"认为努力比能力更重要"，而芝加哥的孩子则认为二者重要性大致相当。

从一定程度上看，这和教师对学生的教导与强调有一定关系。英国雷丁大学的安然发现，在英国，在英国的中国家长对孩子的研究生学习方面与他们孩子的英国教师的观点有所冲突。同美国幼儿园小朋友的妈妈们一样，英国教师也认为孩子能力的培养是一个循序渐进的过程，因此，他们能够接受孩子们犯错的行为。而另一方面，中国家长则侧重正确性。当他们的孩子没能取得好成绩时，中国家长们都认为他们有责任找到方法，帮助孩子们提高成绩。同时，他们也对英国教师的教学方式表示不满，认为英国教师应该更多地指出孩子的弱点，而不是经常表扬他们的优点。

安然发现，在英国教师看来，对孩子成绩的强调能够帮助他们建立自信心并激励他们更加努力学习并更上一层楼。而中国家长则无法理解这一观念。

在研究与刻苦努力有关的课题时，我发现了一份 19 世纪 90 年代由中国学者撰写的论文。该论文旨在帮助西方人了解中国的教育。湖北药科大学的苏世军引用了在中国经常挂在家里墙面上表现中国学生所应具备的勤奋的两首韵文：

> 书山有路勤为径，
> 学海无涯苦作舟。

接下来是一首儿歌：

小呀么小二郎，

背着书包上学堂。

不怕太阳晒，

也不怕那风雨狂。

只怕先生骂我懒呀，

没有学问喽，

无颜见爹娘。

为了验证这些韵文是否已过时，我把它们发给了我在中国的朋友，看看他们是否熟悉这些并问问他们的孩子是否还需要背诵这些。他们马上告诉说这些韵文在中国是家喻户晓、耳熟能详的，并说他们可以给我寄来更多有关"好好学习，天天向上"的韵文。

一位母亲告诉我，她正在上幼儿园的女儿十分喜欢唱《小二郎》这首歌。"现在我们国家每个人都熟悉这首歌。这首由诗歌改编而来的歌曲在小朋友的圈子里十分受欢迎。"一位正在就读四年级的孩子的妈妈说。她们还会很多类似的韵文，比如"少壮不努力，老大徒伤悲"或者"只要功夫深，铁杵磨成针"。

但这不代表勤奋对孩子们来说是一件简单的事情。一位高中生的父亲刘建涛写道：

我认为这些韵文习语都没错，我也一直坚持给我的儿子唱那些歌，教他勤奋的重要性。但是这些韵文习语对我儿子起的作用似乎没有它们对我起的作用大。和我小时候相比，我的儿子似乎对刻苦

努力没有太大的兴趣。在他看来，相比于在学校取得某些成绩而言，互联网和电脑游戏更容易让他满足。而且就目前来看，他根本一点都不担心他的未来！我们小时候没有那么多好玩的课外活动，所以我们也更热衷于"勇攀书山"以及"遨游学海"。

布朗大学的金丽及其同事发现，就如何获取知识（是通过后天努力还是靠先天禀赋）所产生的巨大分歧导致了教学方式以及学习态度的差异。在一整套复杂的研究中，金丽及同事要求美国及中国重点大学的数百名学生尽可能地列出与学习有关的想法并发现两国学生所列出的观点几乎没有重合之处。

研究人员将美国学生的侧重点称为"思维导向"，并将中国学生的侧重点称为"美德导向"。美国人将知识看作可以获取的中立体，并将知识与用以获取知识的个人特质（比如挑战或者提问的意愿）区分开来。超过96%的美国学生经常谈论事实、信息、技巧以及对世界的理解。他们通过诸多能力来掌握这些知识。这些能力一方面包括认知能力、聪慧程度，另一方面则包括思考、交流以及与知识的积极融合。

金丽还指出，尽管学习是美国学生钟爱之事的重要组成部分，但学习似乎却并不"与他们的情感、精神以及道德生活联系密切"。与此相反，79%的中国大学生却将知识定义为"自我完善的需要"以及"精神财富与力量"。他们认为知识是"个人生活不可或缺的部分"。对他们而言，知识不仅包括美国人眼中的外在信息部分，还包括社交与道德学习。他们因其有用性而重视外在知识，但却并不把它当成他们的终极目标。"对中国学生而言，学习的主要目的就是从社会层面和道德层面完善自身，就是精通所学之物，就是对社会有所贡献。"这项研究总结道，"要实现这些目标，学习者必须具备很多美德，包括果断勇敢、勤奋刻苦、不畏困难、坚持不懈以及认真专一。"这些美德被看作具有持久性的个人行为，可以应用于所有学习活动或过程。在另外一份调研中，布朗大学的研究人员发现，同样的观念差异也存在于美国和中国的孩子中，而这些孩子甚至只有四岁。

金丽的研究结果突出了中美文化中学习方式以及学习观念的核心差异。同时，这些研究结果也使得读者能够瞥见中国与美国在学习与办学方面复杂的不同之处。这使得我想起久居香港的心理学家佩塔·麦克奥利的一段经历。20 世纪 80 年代，她在西方文化熏陶下长大的孩子进入香港一所双语教学并拥有二元文化的试点学校学习。在这所学校中，学生们一半的课程由西方教师进行英语教学，而另一半的课程则由中国教师进行中文教学。当佩塔和丈夫参加家长会去了解孩子的学习情况时，西方教师用"开朗、热情以及有着强烈的求知欲望"形容他们的孩子；而那位颇有声望的中国教师则说他们的孩子"调皮捣蛋，注意力不集中，经常通过提问扰乱课堂纪律"。而用这个例子来说明中国人与美国人在行为和学习模式方面的不同期望简直是再好不过了。

在其他人的研究基础上，我的研究表明，就一般情况而言，如果某个社会不具备某种观念的文化根基时，它就不可能从其他社会成功借鉴这种观念并将其转化为自身的观点。美国和中国的教育体系都处于各自文化的核心。要改变教育体系，我们只有在经过深思熟虑后小心翼翼地引进新观念。但是，有一点必须承认，相对于其他改变，有一些改变还是比较容易的。只要资金到位，结构性的改变（比方说，

像中国教师一样，让美国教师拥有更多的时间进行合作）还是比较容易的；至于美国教师或者管理者是否会用多出来的这些时间进行大量实质性合作并改进各自的教学方法则另当别论了。减少中国对高考的严重依赖是个很好的目标，但是，要想出一个更好的入学方式来代替高考却是一个更为严峻的挑战，而这光靠照搬他国经验是行不通的。

各国的家长和教师总是问我怎样向他国学习或者能从他国学到什么——在中国，他们问我怎样激发孩子的自发性，使他们更富创造性和交互性；而在美国，他们则央求我找出中国学生在课堂上集中注意力并具备卓越学习技巧的原因。美国家长和教师想知道的是，中国人是如何教导自己的孩子或使学生变得更勤奋的。

我不认为存在"这个体系好，那个体系不好"这一说。我并不想像艾米·蔡那样，以《虎妈战歌》一书引发争议。不管是在美国还是在中国，我听到的几乎都是对艾米教育培养孩子所采用的严厉做法的指责。不过，我倒是发现了美国与中国在办学方面的一些现实情况和细微差别。

我了解到，美国和中国的教育体系都有着很大的完善空间。同时，如果中国和美国的社会要应对数字化、全球化世界带来的种种挑战，他们的教育体系也需要完善。在接下来的章节中，读者们可以了解中美两国认为理所当然的学习模式并明白两国行事方式的不同之处。若想要向对方学习，我们则需要深入探寻双方办学体系中的办学方法与办学态度。我们不能照搬对方的惯例，因为这些惯例在我们的国家里可能无法存活。但是我们可以，也必须学习、采纳那些对教育生活在21世纪的未来英才、领导者以及创新者有益的教学方法。

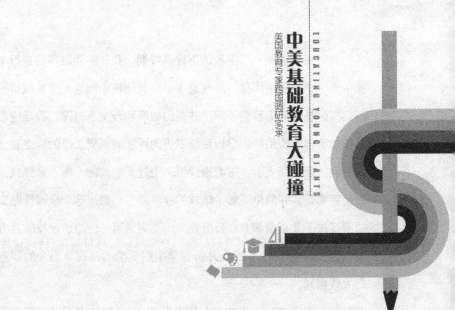

中美基础教育大碰撞
美国教育专家跨国调研实录
EDUCATING YOUNG GIANTS

第二章
老师的角色

此时正值徐州一所学校的下课高峰期，我在熙熙攘攘的自行车流中来了个"激情漂移"。气息未定，我便在中国这个工业城市一所学校的礼堂后面看到了声情并茂的数学和语文示范课。我是应邀来参加徐州这所最好的学校最新引进的课程的调研工作的。之后，我和我的翻译龚先生，带着摄像机，走过了学校的走廊，来到校长办公室喝茶，并简单了解了该校的办学宗旨。徐州这个全国铁路交通枢纽位于北京南部800公里处。而我则是第一位造访该校的西方教师。那时是1991年的3月份，学生们所学的课程与当今的课程已大致相同。

第二天下午，龚先生和我以及其他15位教师来到了教职工会议室，而孩子们则蜂拥出校：年纪稍小的孩子蹦蹦跳跳奔向父母或者祖父母；年纪稍大的孩子则成群结队地边聊天边跨上自行车远去。我们围坐在一张大桌子前，手里握着热气腾腾的陶瓷杯以抵御隆冬的严寒。之后，我们便精神饱满地开始了热烈的讨论。来到中国后，这还是我第一次和中国的小学教师举行正式意义上的会谈。

我们有很多共同点：都关心学生的进步，都希望能够尽可能地为他们创造最好的学习机会，都认为要达到这些目的需要更小的课堂规模以及教师不断提高的教学水平。但是随着交谈的深入，质的差异也开始出现——美国教师希望教室人数控制在30人以内，而徐州的教师则仅仅是希望教室人数能少于常规的60人；徐州这所学校的课时要比美国的长得多，通常在下午4点或5点才放学，但是学校的学生中午有两个小时的时间吃午餐；该校的学年也比美国的要多出大概一个月。

这些中国教师要求我描述美国教师的职责。而当我开始描述美国小学教师的职责时，一些中国教师便开始窃窃私语、交头接耳了。他们看上去似乎有点困惑，而一位我前一天听过课的教师则要求我再解释一遍。

"美国的小学教师成天都和同一个班级待在一起。一个人负责所有的课程。"我重复道，"我们要教阅读、写作、数学、社会科学、科学、健康、美术，还有音乐。孩子们整天都和同一个教师待在一起。"

他们再一次面面相觑，更多的人开始窃窃私语起来。校长起身为我的杯子里添了点热水，然后想搞清楚我说的话："所有的课程都是你教？所有的课程？"

"是的。"我同样也被他们的困惑搞糊涂了。但是幸运的是，我们学校每隔几个月都会请一些人专门来教美术或者音乐。这对我们来说已经是个很大的恩惠了，但是总的来说，我们什么都要教。

直到这时，我才了解到，徐州的教师并不负责一个班级所有课程的教学。于是我问他们所负责的教学科目。

"我教低年级的语文，也就是你们所说的阅读与写作。"一位教师说道。

"我教数学。"另一个教师说道。

"我是美术教师。"

"我教高年级的语文，同时也负责班级活动。"

与会教师们开始依次发言，描述着各自的职责。有些教师教两门课，比如社会科学和书法。但是绝大多数教师只负责一门课程。

"你们整天都教这些？"我问道，"一天几节课？"

"我们一天3到4节课，当然这要看我们是不是还要负责其他课程。"校长解释道。这位校长留着黑色短发，用一条印花围巾提

亮庄重的褐色套装。

我震惊地问道："那你们剩下的时间用来干什么？"

"我们互相备课，和有困难的同学交流，批改作业。"接着，这位校长又开始为我讲述他们是如何帮助学生理解复杂概念的。他们有的时候会花费数小时备一门课或者设计一些能够帮助学生理解学习难点的问题。

他们的经历在我看来和我的大相径庭，我甚至都难以想象这种经历。这次的讨论会使我产生了更多问题。我开始思考中美学校教学环境的差异，学生的不同。最重要的是，我想知道我们可以向对方借鉴何种经验并将其成功植入自身文化中。

那天晚上，我回到师范学校招待所那间简陋的房间里，从床头三条叠放整齐的羊毛毯中抽出一条裹在身上，坐在椅子上开始回顾一天的笔记。房间里没开暖气，透过窗户，我看见了漫天飘扬的雪花。那时已经是三月中旬了，但是不论天气好坏，那栋楼的暖气供应始终处于关闭状态。好在热水的供应十分充足。我往杯子的热水里兑了点朗姆酒，接着便开始动笔，试图不放过下午讨论会的任何一个细节并将徐州这所学校的教学安排与美国的进行分析比较。

我曾在高中教过几年英语——一天六节课，还有一节课的时间用于备课。每天晚上，我还要拖着整整 150 个学生的作业回家批改。不过每天中午 30 分钟的午餐时间我一个人倒是落得轻松自在。但是自打我开始执教小学生后，我的生活便发生了翻天覆地的变化：30 到 35 个学生的作业批改起来倒是简单许多；但是一整天的教学下来，我几乎没有时间休息。从早课铃声响起开始——通常是在早课铃声响起之前——直到最后一名学生离开学校，我都没有时间歇歇脚。连上厕所的时间几乎都很难挤出。好不容易上午和下午各有一段短暂的休息时间，可是我们却要用来满足学生需求，为各个办公室跑腿送信，为下节课做准备或者将孩子带至操场进行 15 分钟的休整。午餐时间相对更长，但是等到我们将孩子带至食堂安置妥当后，留给我们吃饭的时间已经不多了。所以我学会了狼吞虎咽。放学后，几乎每天晚上，我和我认识的几乎所有教师都要花费数小时想出第二天能够使学生融入课堂教学并满足学生需求的最好方法。教学固然能使人精神饱满，但却绝非易事。而且美国的教学和徐州教师所描述的教学简直完全不一样。

接下来的 20 多年里，我曾到访中国多个不同城市，对中国教师的职责进行了更为深入的调研。我发现，城市学校所有年级的教师通常只需要负责自己专业领域的课程教学，一天几节课，一节课 40 分钟，而且他们不需要完成额外的任务，比方说管理教室。不同于美国教师，他们不需要收集迟到或者缺勤假条，将孩子们带至餐厅或者保证学生的作业量。而其他教师则在课外时间完成这些任务。课间，教师们共享着一间大办公室并经常性地进行交流合作。

尽管多数乡村学校在教学资源和师资力量上不及城市学校，但是它们的基本教学安排却是一样的。有的时候教师也需要多教几门课，但是他们却有时间进行交流合作。

美国小学教师典型的一天往往从操场开始。在那里，他们需要接学生并将他们带至教室。之后，教师会把孩子们的书包存放在教室里并取出装有学生作业的文件夹或者其他需要的教学材料。同时，每位教师还需要注明到课与缺勤学生的名字，收集各类文件，比方说学校的募捐表格或者是需要家长签字的材料。接着，孩子们则需

要跟着教室里喳喳叫的广播向国旗宣誓。教师们有 10 到 15 分钟的时间安顿学生，这时，他们可能会给学生们布置一些简单的任务，比如学习一些日常用语或者在作业本上回答问题。这样做的目的在于将孩子们的注意力转移到课堂教学中去。如果有孩子迟到了，教师还需要回到电脑上将这个孩子的缺勤记录更改为到课记录。

每个教室与学校都大同小异。上课开始时，教师可能会与全班学习一篇课文或者让学生们独立完成事先留在黑板上的任务。之后，教师可能会一次性花 15 分钟的时间对 6 到 7 个孩子进行小组教学，为他们讲解新概念，检查孩子们的作业并鼓励他们就课堂内容进行讨论。这时，其他的同学则需要独立学习课文并在之后以小组为单位与教师一起进行讨论。大约两个小时后，教师便会将孩子们领到操场，给他们 10 到 15 分钟的时间休息或者上厕所。大概中午时分，在将孩子们护送到食堂后，教师们才能有一段短暂的午休时间。

上午一般是语文（也常称为"阅读教学"）和数学。午餐过后，教师们则需将精力转移到其他课程上来，如社会科学、科学、体育和健康。如今，为了腾出更多的时间为每年数学和语文的标准化测验做准备，大部分小学已经取消了美术和音乐课，连诸如科学的其他科目也难以幸免。

美国小学教师一整天的教学鲜有不被打断的情况。各种电话和广播总是有着各种各样的理由打断正常授课，不是叫某一位同学去办公室就是叫某一群学生去接受视力检测。连教学助理以及教研组成员也时不时地凑个热闹，问教师一些问题。当我问美国小学教师们，他们的授课是否存在被打断的情况时，他们无不气恼地回答道："一直都会被打断。"每次被打断教学后，他们需要将学生们的注意力重新转移回课堂上来，而大好的教学时光也因此被生生浪费。每每谈及此点，他们都流露出失望不满之情。尽管也有一些学校禁止打断正常上课，但是这样的学校毕竟只是少数。

中国学生们在某一个学习阶段中会一直待在同一个班级中，而不同科目的教师则会去学生们所在的教室上课。尽管各个学校与省市的教学惯例有所不同，但是大部分学生一天的上课时光都是从半个小时的早自习开始的。学生们需要上交家庭作业，而一些已经交作业的同学则需要干一些杂活，比方说擦黑板。很快他们便要回到座位上，开始大声朗读中文和英文课文、数学公式，有的时候则是《论语》。

中国将跟踪负责一个班级在某一个学习阶段学习情况的教师称为班主任。班主任主要负责班级考勤，与缺勤学生家长进行联系并询问学生迟到原因。美国并不设班主任一职。在中国，班主任的工作时间更长，薪酬也相应地更高。他们负责管理班级学生的课外作业以及行为规范。除了设立班规，调解同学间矛盾，保证班级早操质量外，班主任还需要定期就班级情况向学校进行汇报并为每位同学填写成绩报告单。"他们什么都要管。"一位家长告诉我，"学生考勤、教学质量、群体活动、体育运动、学生矛盾、教室卫生、实地考察、校园午餐，总之什么事情都要管。当然，他们也拿工资。中国人将成为班主任视为一种荣耀，因为班主任担负着重大的责任。"

早自习结束后，上课便正式开始了。在学生们回到座位坐好并拿出课本前，中国的教师都会站在教室门口等候。学生们准备就绪后，教师便会大步流星地走进教室并铿锵有力地说道："上课！"这时，班长则会说道："起立！"在同学们起立并向教师问好后，

教师便会回答道："早上好，同学们！请坐！"上课随即开始。而接下来的40分钟内，不管是教师还是学生都将分秒必争。

不会有人来打断上课。即便厨房工作人员要来为学生们送午餐（学生们通常在教室里吃午餐），他们也会轻手轻脚，尽量不打扰上课。相比于美国教师，中国教师管理课堂的方式更显正式。他们会要求某一个学生或者整个班级就课文回答问题。学生们需要起立回答问题并在得到教师许可后才可以坐下。当教师讲解新内容时，学生们则需要回答教师连珠炮似的提问。尽管中国政府推行的改革早已引进小组教学的概念，但是，鲜有学校将此概念进行任何有意义的运用。

中国的课堂上一般不会出现学生独立完成任务或者师生互动讨论的情况。学生们会在回家后独立完成作业。即便有需要，教师们也会在课间给予同学帮助。

40分钟的上课结束后，孩子们都会有5到10分钟的时间吃点心或者上厕所。而上午的某个时段中，孩子们还有一段更长的休息时间用于去操场做早操。而下课时分，孩子们都可以自由出入教室，要么去上厕所，要么在教室外玩耍，要么在教室里写作业。教师在课间时不会对学生进行监督管制。

美国和中国的初高中则更为相似：上课时间更长，不同的教师负责不同的课程。但是也有亮点和不同：其一，中国的课时更长而且中国学生在未来的三到四年间都会在同一个班级上课；其二，教师需要去学生所在的班级上课。只有遇上体育课或者上机课时，教师才会和学生们一起赶赴上课地点。

但是中美教育体系最大的不同则在于教师专业素质培养的本质

上。在中国，教师专业素质的培养是与日常教学相融合的，同时也与各个阶段（小学、初中、高中）的课程相结合。而在美国，这种培养则完全由教师的意愿和时间决定。另一个不同则在于中国教师处于一个合作性的群体中，与其他教师，通常是同科目教师共享一个办公室。所以他们能够经常性地就课程内容、学生需求以及帮助学生的方法进行讨论。而与此相反，美国的教师一般都是"单兵作战"。

王兴业，一位来自中国广东的历史教师，曾在美国洛杉矶的一所高中听了一个学期的课。在看到美国教师们"单兵作战"的教学方式后，他表示大为震惊。"在中国，历史教学是团队合作，而不是个人工作。"他在最后的陈述报告中如是写道，"中国教师总是一起备课。"王教师所在的重点学校是中国第一批课改试点学校之一。重点学校有着更为丰富的资源，所以家长们也争先恐后地想要将孩子送进重点学校，以此希望他们的孩子能够在高考中取得好成绩。但是在中国，不管是资深教师还是年轻教师都会一起工作，保证所有的学生能够从高质量的课程和教学中获益。他们还会经常去听别的教师的课并一起讨论各自的教学方法。"他们相信出众的学习成绩来源于集思广益的备课和团队教学工作。"王兴业写道，"所以，（中国的）教学要更为统一化和标准化。"

与此相反，王兴业观察到，美国的历史教师都是独自备课，"不管是课上还是课外，教师们都很少交流"。他还补充道，尽管相对于中国教师们而言，他们有格外多的自由选择的教学内容和教学程序，但是他们却很少能从有组织的合作中获益。

中国所有的学校都设有教研组，即教学调研小组。他们会定期视察学校并就调研结果给出意见和建议。2009年，我来到位于中国

27

中部的陕西省。在一所"人穷志不穷"的村庄学校中,我在一间教室后遇到了几位教师和当地教委会的一些委员。他们会定期来这所学校视察教学情况并随后将情况反馈给教师们。这种情况我已经不是第一次见了。在另一所学校,我也曾经遇到过一组邻县的教师——他们也是来学校考察并给出建议意见的。这就是中国的规范,而且这种规范是出自合作的精神,而不是否定的精神。尽管教师们去他校调研的频率比较低,但是他们却会定期去同校教师的课堂上听课并给出自己的建议。教师们每周留出的时间也一样很重要。他们会利用这些时间一起备课,分析学生们不能理解的难点并找出原因。通过团队合作,这些教师的教学技巧也有了长足的进步。

美国的教师很少合作。而教师们也只有在看到了合作的价值时才会三三两两地聚在一起讨论教学,而且他们一般都是在放学后讨论。我曾和一位富有创造力的教师共事过。她是我隔壁班的教师,经常和我一起为一年级的学生们设计一些需要团队合作的任务,比如通过上午去自然保护区,下午去公园进行相关调查来进行科学这门课程的教学。几年后,她被调去另一所学校任教,但我们还是偶尔会在星期六聚在一起进行头脑风暴。每次的教学研讨过程都十分开心,而我们在发现新的能够使学生融入课堂教学的方法时则会欢呼雀跃。很多我认识的教师都会在暑期或者周末参加教学研讨班,学习新的教学技巧,找出创造性地使用教学器具的方法。他们自己会探索出将所学知识与课堂教学进行结合的方法。而中国教师固然也会参加课外培训,但是他们的培训却是与自己的实地教学经验与长期性的团队工作挂钩的。

很多美国的校领导都清楚团队合作对教师们的重要性。有些大型的教学地区也曾尝试过实行长期性的同侪观摩，并将普通教师与通常不负责教学活动的教学助理列为实验对象。然而，由于学校必须雇佣其他教师来取代这些普通教师的位置，这个项目很快便因花费过大而被废止了。美国学校偶尔还会有教室专业素质培养日，这一天学生们会提前下课甚至放假。设立培养日的目的在于在小学召开各年级会议并在初高中则召开各学科会议，但是这些会议却逐渐被一些官僚主义的任务所掌控，比方说教师们需要根据标准化测验的考题划定课程设置的范围。虽然有的时候很多学校也会邀请专家为教师们讲解新的系列教材，但是教师们自身的发展却鲜有人问津。

邀请专家进行短期教学的价值还有待商榷。教育研究者詹姆斯·W·斯蒂格勒以及詹姆斯·希伯特曾花费数年的时间研究世界各地数学和科学的教学视频。他们总结道："在教室专业素质培养日这天听专家上课并不一定意味着教学质量的提高。有效的课堂教学必须与教师们的日常教学安排相结合。学校不仅要成为学生学习的地方，还必须成为教师学习的地方。"那些滔滔不绝讲上一两个小时的专家对真正的教学几乎一窍不通。有研究证据显示，对教师"长期的、持续的支持"能够帮助他们提高教学水平，进而提高学生们的成绩。国际知名教育家兼斯坦福大学教授琳达·达林－哈蒙德如是说道。我自己多年的观察和教学工作也告诉我，当教师们自主调查自己的教学方法以及学生的学习方式时，他们便能就提高教学质量得到宝贵的经验。而当他们通过研究生课程或者教室研讨班进行此类调查时，他们则可以得到很多有用的意见和建议，并探索出多种改进学生学习方法的方式。

来自中国广东的资深历史教师王兴业在美国洛杉矶一所高中进

行了为期一个月的考察。2009 年，在他的考察接近尾声时，我和他来到洛杉矶市区微微联盟社区的一家咖啡馆，在后院寻了处简单的地方坐下。他一边用印度甩饼将盘子里剩余的鹰嘴豆扫干净，一边说起一些让他震惊的不同之处。中国的教师应该感到庆幸，因为他们的工作远没有美国高中教师那么辛苦。他说道："美国高中教师一天要上五节课。一天五节课啊！而且他们通常还要教三门不同的课程。"下课后，他们还要花上大把的时间备课，批改作业。而在中国，教师们只需要备一门课，一天也只有两节课。王老师还补充道："美国的高中教师没有时间进行深入细致的备课，而且也丧失了与其他教师合作做教案的机会。"

一位在美国考察的北京高中的校长在看到美国教师们一周要上 20 甚至更多节课的时候表现得大为震惊。他这所学校的教师只需要上大概 10 节课，其他的时间则可以用来讨论并制定更有效的教学策略。"美国教师就是不断地教啊教，"李建华在 2007 年发表于《教育周刊》的一篇文章中写道，"他们没有时间和其他教师交流合作。"

王兴业和李建华的观察结果反映了美国教育者长期以来关注的一个话题。但是就在我们希望尽快看到大幅度的改善并向学生借鉴经验时，我在太平洋地区的调研却也突出了美国教学中一些值得保留的闪光点。美国教师通常鼓励学生们在思考后找出答案，而不是像中国教师一样，让学生们逐字地背诵成篇的课文。他们的教学内容与学生们的生活更为贴切，也不像中国教师那么重视高风险的考试。美国教师通常会让全体学生参与课堂讨论，使他们成为教学过程的一环，而不是像中国教师一样，只与更能说会道、更有信心的学生讨论。

在洛杉矶工业区的一所典型的小学教学中，我看到一位教师帮助 30 个五年级的学生对幻灯片上的图片进行词汇配对。指着一张画着两个互相叫喊的人的图片，这位老师问道："他们在干什么？"

"Wrestling（摔跤）。"一位学生说道。

"但是我不认为他们是在 wrestling（摔跤）哦！不过他们确实是很生对方的气，不是吗？"

"他们看上去好像产生了分歧。"另一位学生说道。

接着，这位老师要求学生们从所学词汇中选取一个词汇与这张图片配对。于是，一些学生开始随性地交谈讨论起来。然后，这位教师点了一位学生的名。

"他们在叫喊 (shouting)。"

"是的，"老师说道，"但是'shouting（叫喊）'并不是我们要学的词汇哦。"他顿了顿，让孩子们自己找出答案。

"需要帮忙吗？"老师问道，"乔斯，你愿不愿意帮帮理查德呢？"于是，理查德在和乔斯悄悄交谈一会儿后，开始试着说着一个单词："controversial（有争议的）。"这时，这位故意为孩子们留出时间找出答案的教师开始开口帮助他的学生。

"很难发音，是吧？"教师说道。接着，他开始慢慢地读出这个单词的发音，保证每个学生，尤其是那些英语非母语的学生能够听懂。"现在大家跟我念——'controversial（有争议的）'。"

事后这位教师还向我道歉，声称他不该让我看到这么一堂普通而沉闷的课堂教学，他还认为这次的教学仍需提高。他很尴尬地告诉我那种画着两个互相叫喊的人的图片并没有很好地诠释"controversial"这个单词。但是，他没有察觉到的是，他为学生们

创造了一个广阔的空间,让学生们能够表达自我、能够冒险并在学习过程中进行思维发散。而且,他还为每个学生详细解释了单词的含义,使得每个学生都能准确掌握单词。在美国,即便是新手教室也会为学生创造很多机会,让他们学习手头上的知识,随性地与其他同学讨论并掌握课文,成组或成对地完成某一项任务。这些教师还会通过提问的方式帮助单个学生思考,而不是直接转向下一个学生以寻求更好的答案。

在另一堂词汇课上,一位相对年轻的教师要求一位学生给出某个词汇的释义,而其他学生则需要对此进行补充。她还要求学生们与搭档们交流思想。这种教学方式在美国十分普遍,被称为"思考,组队,分享"。

"和你的搭档分享一件你知道的迷信的事情。"

"当你犯了大错误时,记得要告诉你的搭档。"

学生们需要自己思考问题并与身边的同学一起讨论自己的想法。

一切都自然而然地发生了。这种教学方式为每一个学生提供了找出答案,掌握知识,并将其与各自生活相结合的机会。而且这位教师后来还要求学生们以小组为单位,用所学词汇写几段话。

洛杉矶梅勒小学的资深校长路易斯·加里洛也十分认同这种教学方式:"对我而言,一个优秀的教育者必须具有一个能力,就是能够为孩子们创造机会去寻找答案,并以多种方式将答案与实践相结合。"在2011年的一次访问中,他告诉我:"当他们有机会用五种不同的方式说出或者写出某个答案时,他们便也有了掌握并吸收这个答案的大好机会。"

美国教师会经常性地在教室里到处走动,从这边走到那边,从后面走到前面，轻声细语地与每一位害羞的学生交谈，保证学生们没有翻错书，注意同学们是否有问题要问，并使每一位学生的注意力集中在课堂上。而中国教师则很少离开教室前面的讲台。

美国小学教师的工作可能会很辛苦，但是通过成天与学生待在一起，他们却能对每位学生的能力与需求了如指掌。来到美国中西部的一所小学执教的第一年，由于那年夏天到岗过晚，我错过了新数学研讨班的授课，所以我只能转教我这个班和另一个四年级班级的语文，而这个四年级班级的数学教师也负责我这个班的数学教学。当我们两个聚到一起填写学生们的成绩报告单时，我发现了这种教学方式的弊端。在讨论每个孩子的成绩时，我们发现有的学生语文十分拔尖，但是在数学的学习上却略显吃力；而这位数学教师看好的一些学生的语文成绩却差强人意。通过一次性为两个班级授课，我们传授知识的有效性得到了提高，但是我们却同时也错失了及时发现学生学习需求的机会，也很难再找到能够帮助学生提高的方法和知识。中国的班主任会对自己的班级进行跟踪教学，虽然他们能够了解学生们各个科目的学习情况，但是他们却不能像美国教师们一样，对每个学生以及他们的整体发展情况做到了然于心。

中美教育体系最大的不同可能在于中国对应试教育近乎完全的依赖。"中国的教育只有一个目的——以优异的高考成绩进入大学学习，"当被问到中美学校的差异时，教育家兼作者，同时也是一位家长的杨东燕说道，"中国所有的教学都只有这一个目的。"她的语气中有一种不满之情。照她的说法，中国学生还需要在中考中取得一个好成绩。

多年来，我多次造访中国东部城市——南京。而东燕也在这段

时间里和我就各自的教育体系进行了多次探讨。作为一位知名教育家，她已经写就了多部关于中东政策的书籍，在中国和美国也执教过中文。他十分精通中美教育体系的教学风格和需求，这不仅是因为她在美国执教过两年，还因为她的儿子是在美国上的幼儿园和高二。她满怀激情地告诉我，美国的教育体系鼓励学生"动脑动手，提出问题"。而很多中国家长和教育者也和东燕一样，十分赞同这种教学方式。

十多年来，中国的家长、教育家和一些政府官员都曾探讨过应试教育的改革。考虑到中国的大学毕竟并不是培养创意家或者批判家的地方，1999 年开始实行的为期十年的"新课改"提倡跟多的以学生为中心的学习方式并鼓励开发能够使学生融入课堂教学的方法。而 2010 年出台的国家指导大纲则要求在未来十年内投入更多的精力使学生融入课堂教学，增强学生们交互式的学习体验。但是尽管如此，中国应试教育的根基丝毫没有动摇。而大部分中国专家都认为对考试成绩的过分看重会导致对死记硬背的过分强调，而这会大大削弱课改的效力。

事实上，尽管中国的家长刚和教育家不断抱怨课程的局限性，但是中国每个人都希望考得高分。这个国家历史教学的目标是让学生"积极参与课堂教学"、"开发学生具有针对性、创造性和批判性的思维方式"。但是广东的历史教师王兴业却说他所有的教学都只是为了学生们的高考做准备。更有甚者，学生的标准化测验成绩不但与教师评估结果直接挂钩，还影响着一个学校的声誉。因此，在结束了对洛杉矶高中一个学期的考察后，王教师在最后的报告中写道："教师们催学生催得紧，而学校催教师催得更紧。"看到这儿，我不禁苦笑。如今，美国的学校也开始越来越频繁地给教师们施加压力，要求为学生的标准化测验做足准备。而同样的话，我已经从很多美国教师那儿听过很多次了，这些话和王教师的这句话几乎一字不差。

一天晚上吃完晚饭后，东燕放下筷子，告诉我她的儿子自从在美国高中学了一年后，开始变得讨厌中国的教育体系了。"中国的教师总是说：'不要问问题。如果你总是没完没了地问问题，你只会把自己搞糊涂，考试也会不及格。只要记住我说的话，保证你通过考试。'他们还会说：'成绩好就足够了。太多问题会把你绕晕的。'"东燕的儿子说。

当我问刘金涛——一位同样来自南京的温和的家长兼英语教师——是否认同东燕的说法时，她告诉我中美教育体系的不同归根结底在于表达自我和死记硬背的碰撞中。"中国的学生什么都要记，书本内容要记，教师的话要记。"她笑道，"中国的孩子们都有着出类拔萃的记忆力。他们几乎什么都记得住。"

每次我结束对中国教学方式的调研回到美国后，我都会被一种矛盾现象所震惊：美国人渴求中国人所拥有的，中国人则追求美国人所拥有的。中国人渴望美国学生所有的个性与独立，因为他们认为这些特质是创造力的源泉；而美国人则羡慕中国学生所有的专注与自律，因为他们认为这些特质是考高分的关键。在中国教育者和家长抱怨应试教育的"铁腕掌控"时，美国人却在不断缩小课程范围，以便腾出更多的教学时间为考试做准备，使美国学生能够取得像中国学生那样的优异成绩。

受2002年《不让一个孩子落后》法案和跟随其后的2009年《力

争上游》教改立法的影响，考试已经成了大部分美国学校教学，尤其是小学教学的重中之重。为了腾出更多时间演练考试的单选、多选和填空题，各个学校开始逐渐废止能够为学生们学习和思考带来愉悦兴奋的课程。同时，各校还要求教师们对学生进行周测，使学生们为月考乃至最终的年考做充分的准备。而这种永远以考试为中心的教学方式也使得学生们的学习毫无激情可言。经验告诉我，美国的教师们对待工作都十分认真，他们也十分希望学生们的成绩突飞猛进，学习潜能得到充分开发。而截至本月，缩小的课程范围却使得教师们的希望越发地渺茫了。一些中国教育者在看到美国学校正在重现中国极力想要抛弃的应试教育时，都向我表达了他们的惊讶之情。在他们看来，这种教育方式几乎有百害而无一利，与21世纪的教育需求也是背道而驰的。

尽管美国学校越来越注重考试，但是相对于中国学生，美国学生仍然有很多创造性表达自我的方式。东燕的儿子在美国高中学习时很惊讶地发现他竟然可以自己选择想要学习的历史人物。同时，他可以在自主研究结束后，通过创作诗词或戏剧，画一幅画，或者其他方式向同学们展示自己研究成果。在他看来，相比于中国历史教学中干巴巴的死记硬背，这种方式能够让他学到更多的内容。

第三章

儒家思想的影响

李天晨答应，如果我去曲阜师范大学（位于中国东北部）看他的话，他一定会带我到孔庙四处逛逛。他还告诉我曲阜是孔子的故乡。李天晨曾经翻译过我的一篇关于儿童学习方法的论文，也就是在那时我们成为了朋友。我家在加利福尼亚州，紧邻帕萨迪纳社区大学。李天晨是这所大学的客座教授，他的邀请无疑为我探索中国的另一个地方创造了绝好的机会。尽管我们经常在一起将论文铺在露天自助餐桌上，长时间讨论生僻词的意义，当然不可避免地，也会谈到中国和美国的教育模式，但是我竟然差一点错过了一条重要的信息：他不仅是一位英语教授，还是孔子文化所的副所长。在这之前我一直以为毛泽东已经摒弃了儒家思想，因此这位古代学者并没有怎么引起我的兴趣。

1990 年春天，在一次研究旅行中我顺便去了一下位于北京东南500 公里处的曲阜。因为当时我马上就要论文答辩，所以我当时一直在研究中国和美国儿童的各种学习方法。第一周我和一个做科研的搭档黄仁松一起参观了南京的一些学校。黄仁松住在南京师范大学，巧合的是，我们每次都是在这所大学校园里的一尊孔子雕像前会面。学生们在一个莲花池旁来回踱着步子背诵语言课程的会话，我们就坐在窄窄的混凝土板凳上讨论我们在教室里听课的收获。此时，孔子一直在俯视着我们以及在他脚边玩耍的孩童。

我已经与黄仁松共事好几个年头了，我非常欣赏她对于中国教育激烈而且富有批判性的观点。尽管黄仁松于 20 世纪五十年代就开始参加工作，，但是她现代化的研究方法却令我的助理研究员惊讶不已。

"我认为孔子名声不好。"在我们讨论的间隙我调侃道。

"他现在恢复名誉了，"她说，"香港人将这尊雕像捐赠给了学校。"

我已经习惯了中国的不断变化，但是孔子名誉的恢复着实令我惊讶。

尽管经历了沉浮，但是两千年来儒家思想毕竟是中国教育和皇家选拔考试的基础。儒家文献也成了中国上上下下普遍认可的知识体系。1911年，孙中山领导的辛亥革命推翻了最后一个封建王朝，新观点新思想开始从世界的各个角落——特别是西方——传入中国，儒家思想被迫远离人们的视线。新的统治者认为儒家敬祖、严遵孝道、等级森严的社会关系以及男尊女卑的思想已经不符合时代潮流。儒家思想备受责难，然而，有些哲学观念却深深留存于中国人的日常生活中——人当有道德，人生须勤奋，学习以自强。

最终，孔子的历史和文化意义再次得到人们的认可，而且，随着中国对世界的开放，儒家思想也开始在政治上被接受。甚至，政府也在帮助建设一些与这位既是哲学家也是学者有关的宏伟建筑，并且在世界范围内开设孔子学院。

在我快要离开南京的时候，我和我的朋友林军在一个昏暗的电话亭里打着手电筒翻找通讯簿、记录本，给在曲阜的李通了一个电话，告诉他我的旅行安排。

"我会在周四晚上11点到达曲阜，"我在一个由于信号不好、发出咝咝声的电话上说道，"我会在周一晚上10点从你那里离开。"

"你不能坐更早点的火车在这里多待会儿吗？"他问道。

可是那看起来是根本不可能的。尽管京沪铁路的南北干线经过

曲阜，可事实是这趟车一票难求。最后还是南京师范大学英语系的系主任通过她在铁路上工作的妹妹替我弄到一张票。

在夜深人静的时候，火车到达了灯光昏暗、近乎荒废的曲阜站，远离了我早已习惯了的热闹的市中心。令我感到欣慰的是，在火车猛然刹停的一瞬间，我看到了李天晨站在空荡荡的月台上向这边张望，感觉非常亲切。李是细高个，灰白的头发梳理得十分整齐。他接过我的行李箱，大步走向一辆早已候着的轿车。在那个没有月亮的夜晚，我们行驶在通往曲阜师范大学的乡村小路上，其间我们讨论了十分不便的列车时刻表以及我将要给他师范专业的学生演讲的时间和主题。到了学校招待所，我们不得不叫醒值夜班的服务员取走我的房间钥匙。在帮我安排妥当之后，李教授驱车沿着一条泥路回家了。

大清早，我看到曲阜的人们在半乡村式校园的土路上行色匆匆，手里拿着热水壶以及一包包的生活用品——也许是几个鸡蛋，亦或是一个番茄。孩子们在父母的催促下，背着书包一颠一颠地往学校跑。我很想知道这样的学习习惯是否跟孔子有关系。李将我带到他位于一楼的普通公寓里。穿过前院被太阳晒得热乎乎的花园就看到他的妻子在门口迎接我，表情里有几分羞涩。早餐时她先是呈上两个煎蛋，紧接着端来足量的各种美味食物，然后回到后屋去了。

"她想让你在这里开开心心，她不会讲英语，所以这是她欢迎你的方式。"李说起他妻子准备的早餐和刚刚上完早餐就离去的事儿。因为不知道如何停下来我便一直吃，直到酒足饭饱。吃完饭，我们就离开他们家去逛校园了。

不像大都市里的大学那样排列紧凑，曲阜的校园很大，走道和公园区域向四面八方散开，中间三三两两的有几个建筑群。在校园外面，李指着一个看起来十分雄伟的酒厂告诉我这家酒厂是由孔子的后人所有并经营的。可是我怎么也无法搞明白这家酒厂跟受人敬仰的孔圣人会有什么联系。

我们来到校园里的孔子文化研究所，沿着宽宽的台阶走到地下室。"这是古老的儒家文献。"他边说边走进一个有很多木柜的房间。每一个木柜里都有一小摞线装书籍。看它们脆弱的样子就知道年代一定十分久远。我对孔子的著作知之甚少，所以也就没有问什么问题，而且我最终没有弄明白那些书上到底写了什么东西。我猜想那是些从古代学者那里传下来的孔子教学的手稿。

他用手轻轻抚摸着房间尽头壁龛里一张陈旧木桌的光滑表面。

"这是我工作的地方。"李说道。他对于将古代儒家文献翻译成古代汉语，再转化成现代汉语的工作充满热情。这也是他不教英语的时候主要做的工作。

"有时候翻译一小句话话就要花费几天甚至几个星期。"他若有所思地说着。

后半天里我们到一个班级里跟几十名师范生交流教育心得，可是由于他们英语水平有限，没能很好地理解我说的话。接下来，英语系举办了一个热闹非常的宴会招待我。就这样，一天就匆匆过去了。我不知道该怎么度过这个周末。除了离开宴会时叮嘱我我们第二天早晨要早些出发以便可以在孔庙开门的时候就能到达以外，李并没有说别的。他举止有些不自然，好像在刻意隐瞒已为我做好的周末计划。

我回到房间放松下来，仔细思考着这次不由我控制的日程安排。他是研究孔子的专家，并且主动提出跟我共度周末，向我展示他的所学。我手里的导游册子简单地讲了些有关孔子的著作，以及它们对于中国古代科举考试的重要意义。我开始意识到我可以借着李天辰的慷慨与对孔子的专业知识更多地了解中国教育的起源——事实上，在此之前我没有想过有这个必要去了解孔子。

第二天一大早，我和李骑着脚踏车从学校出发穿过大街去往作为曲阜市心脏的孔庙。在距孔庙不到半英里的地方我看到很多新式建筑与一些 20 世纪中叶的旧式商店相互交错。一个仿古的旅馆、一座市政大楼，还有一条两旁种着植物的驾车专用通道也都即将竣工。很显然，由于孔子重新受到推崇，市政当局在计划充分利用孔子的名声招揽游客。

孔丘（公元前 551—公元前 479），被人们尊称为"孔子"，生活拮据，大半辈子都在曲阜教书。他热衷学习，为人师表，一生主张以爱人之心调解与和谐社会人际关系。历史文献表明孔子渴望得到统治阶级的认可，以便他的理念付诸实践，但终其一生都几乎未获成功。孔子生活的上下五百年间，社会持续动荡，周王朝解体，各诸侯国割地为王，各自为政。孔子在他的出生地鲁国做过官，但时间不长。他的理想主义和对统治阶级执政方式的无情批判让他十分不受当政者的欢迎，而且他一直坚持统治者应当执政为民、实现社会和谐、保障人民安居乐业。

由于在鲁国不被认可，孔子和其门徒便离开鲁国去游说其他诸侯国，几年间也曾被一些统治者所认同，意图通过自己的政治抱负影响这些政客。最终，政局的不稳定以及统治者改善国家统治方式的意愿不够强烈迫使他回到曲阜。在这里，他将自己的后半生奉献给了教育。他晚年的时候还专注于编撰一些重要的古代文献——被后世称为儒家经典。

孔子活到七十多岁，在他死后，他的弟子继续传播他的学说，并且以小段落的形式将其记录下来。现在很多西方人都十分熟悉孔子的这些学说。每一段都以"子曰"开头。

我站在孔庙的大石门前等着，李天辰去附近的一个售票处买门票，这时候我看到有几个旅游团从汽车上下来跟着导游们的三角黄旗走进庙里。尽管孔庙远离市中心，但成千上万的人们总能从四面八方赶来在九点前到达庙前。李回来的时候手里拿着一张闪闪发光的金色的门票。他跟一个比较熟的门卫聊了一会儿，紧接着我们就穿越到了另一个年代。

孔庙庭院的凉气瞬间将我们紧紧包围。路的两旁矗立着很多刻有铭文的纪念碑。我们勉强从赑屃（bixi，传说中像龟的生物，龙的九子之一，象征长寿、吉祥）前排队等候拍照的熙熙攘攘的人群中挤出来，进入下一个庭院。

庭院的中央有一个亭子。亭子建在被认为是 2500 年前孔子给其弟子在杏树下传道的地方。周围是盘根错节的松树，我站在庭院的石板上想象着当年孔子坐在讲台上向其弟子们讲授他有关仁义道德的学说时的景象，或独自一人走在这些小道上思索问题时的样子，完全忘记了周围络绎不绝的中国游客。

在孔子死后，他的学说越来越受到推崇。几千年来，它已经从原来的几间庙宇发展成为现如今绵延一公里拥有无数亭台楼阁的大型寺庙建筑群。期间，有很多帝王曾对其进行扩建、整修、拆掉重

建，这无疑给孔庙更增添了几分华贵。

绿树成荫的庭院映衬着周围错综复杂的高楼大厦，别有一番风味，在我们置身其中的时候仿佛会产生一种魔力，将我拽回到孔子那个时代。我开始意识到孔子作为一个热情的教育家对中国的影响之大，也渐渐明白了他的学说为何必须要深深植根于我身边这群游客的日常生活中。

大成殿位于主庙院内，是帝王举办仪式祭奠孔子的地方。我路过一些直径为四英尺的庆典大鼓，来到一个巨大的白石柱前。白石柱上刻着许多龙的图案，这些龙将石柱紧紧盘绕。我伸手轻轻抚摸这些图案，倍感振奋。我一张张地拍照，只为了将这感官盛宴保存下来——雕刻、描画的房檐以及大理石栏杆，无一不展示着二千年来这位备受尊敬的学者对世人的影响。

走过几十间房屋，穿过几十间纪念馆的大门，我们来到了附近的一座宅邸里。这里是孔子的后人中每一代长子居住的地方。孔家成了名门望族，而且历朝历代都会给孔氏家族津贴供其举行仪式为君王祈福。

那天下午回去之后，我与很多家庭一样在曲阜的大学校园里溜达，特别想弄明白孔子的思想是如何融入到当代工业化的中国当中去的。与苏格拉底和柏拉图这些西方古代哲学家不同的是，孔子的后人在其死去2500年后依然居住在曲阜，而且整个城市电话簿上几乎全是孔家的联系方式。附近的孔府宴酒酒厂生意也是如火如荼。在校园的草坪上我先后与两个看孙子的老太太和两个希望练口语的中学生闲聊了一会儿。我在想，他们中到底有多少人跟孔子有关系呢，如果有的话，这对他们来说又意味着什么呢？

　　周日的早晨我又一次和李天辰一起骑着自行车出发了——这一次是朝北走，远离闹市去往郊外的孔林和孔家墓地——埋葬着孔家从孔子到当代共 76 代人。这里高树林立，我有幸在这滚烫的城市街道上得到一丝荫凉，稍稍休息了一下。我们走过一座桥，沿着一条人行道走着。这里满是撑着遮阳伞售卖抛光石头和绘有古代街景和孔子头像折扇的小商贩。他们说这些石头可以给人带来好运，因此很多小货摊前都聚集着一大群中国游客在与商贩们讨价还价。

　　我们先是走到了孔子简易的墓地，然后骑着脚踏车进入了埋葬孔子后裔的面积约 500 英亩的公墓。奢华的孔庙和这些因几乎无人踏足而长满野草的林地以及随意放置的墓碑形成了鲜明的对比。因为几乎没有人会溜达到这个地方，所以当我们在林间弯弯的小路上骑车的时候感受到了难得的宁静，李好像也在享受这种宁静。骑着车子沿着弯弯的小路继续前行，我们停在一个到处是墓碑的地方。李说这些都是些有千年历史的古老墓碑。我们绕了一圈，回到出口处，就骑着脚踏车静静地回家了，让这片沉静的树林恢复它的宁静。

　　第二天早晨下了一场大雨。和李、李的妻子一起吃过早饭后我回到了我的房间，正看到一些家长将孩子送到附近的一个小学，都被淋成了落汤鸡。我掏出前几天在南京做研究时录的几盘录音带，便开始了无聊的誊写工作。还不到一个小时，我的思绪就漂回到了前几天的旅行。我对孔子和儒家思想知道得真是太少了！几行雨柱滑过窗玻璃，我打开了前几天李送我的两本小册子中的一本，品读起来。

子曰："不愤不启，不悱不发，举一隅而不以三隅反，则不复矣。"

显然这是一位对学生要求极为苛刻，对知识极度渴求的老师。我继续往后看。

子曰："十室之邑，必有忠信如丘者焉，不如丘之好学也。"

我快速翻动着书页，仔细读着，发现他一直在强调人内在的学习能力。他认为人内在的学习能力比财富还要重要得多。

我倒了一杯茶，蜷缩在扶手椅上。抄写工作先放到一边，反正也不是很急。孔子在那个只有特权阶层才可以接受正规教育的时代就告诉我们"有教无类"。他选择弟子不看贫富贵贱，只有一条标准——非常强烈的求知欲。

孔子的学说跟中国的现代教育到底有多少契合度呢？朋友们平时经常提及孔子的影响力。王罗宾，一个美国哲学教授，在中国长大，时常表达他对改变了中国人生活方式的孔子文献以及其他一些古籍的特殊喜爱。王写道，这些古籍已经"与我们说的语言、我们所遵循的行为方式以及我们努力为之奋斗的人生理想融合在一起"。前一周在南京的时候，两个朋友帮我做了一个重要教育家的列表。他们突然笑着说："哎呀！我们忘记了孔子，他可是中国最著名的教育家。"

我合上书，在雨中走了很久，回到宿舍收拾行李，和李及他的妻子一起吃了顿告别饭。那天晚上我们驾车开往车站，想想这几天在一起的经历，心里暖洋洋的。当夜班快车开动的时候我向他们道别。随着列车渐行渐远，车站变得越来模糊，最后只剩下一些灯光在黑暗中若隐若现。

在车厢里我向另外两位乘客点了点头，然后把我的行李箱放在床头。列车飞快地开往上海，这将是一段很长的旅程。我将窗帘拉开，看着随着列车的前行而飞速滑过的乡村的轮廓。幸亏他们都睡着了，我得以有时间仔细思索着我在中国教室里观察到的孔子的影响力以及我时常听到的孩子父母对于学校压力的言论。

后来几次去中国，当有人提及孔子的时候，我都会多加注意一下。一个陕西的中学老师急于让我了解孔子对于中国文化有多么重要，给我发了一封邮件，上面写道，孔子思想"对中国人的性格具有最深远的影响"。他说，中国人好客和勤奋的品格都是来源于孔子思想。一个来自中国东部省份的大学毕业生，看起来有些无精打采。对女朋友和电脑的兴趣远胜于学习的他不无悲伤地说孔子思想对于学习的强调无处不在，让他感到巨大的学习压力。一个在自然研究所担任主管的朋友告诉我，孔子关于"孝敬父母，不使父母蒙羞"的思想渗透到社会的每一个角落。她说，在学校考试不及格就会让家人蒙羞，就算那些不识字的人都会严格遵循孔子的这些原则。

为了更好地理解中国历史对中国现代学校办学的影响我会不时重新阅读李天辰的翻译文稿。

"孝"和"仁"（"仁"经常被译为"仁慈"或"美德"）是孔子思想的基本概念。一个道德高尚的人必须待人礼貌，对人慷慨，十分勤劳，而孝道要求子女不但应该尊重父母还应当凡事听从父母的安排。孔子的学说认为人的关系是分等级的，那些更有权力的应当对其管理的人负有责任。如果一个父亲希望儿子孝顺自己，那么首先他应当对自己的儿子表现出爱和关怀。如果儿子不希望父亲对自己不好，那么他应当对自己的父亲尽孝道。同样地，如果一个统

治者想让他的臣子忠实于他，他就必须有一个统治者应当有的道德品质。如果他不具备这些品质，那么社会就会动荡不安。对于老师和学生而言，正如金丽在她对中美大学生的对比研究中说的那样，道德品质仍然被认为是学习的一个重要元素。中国学生认为知识是跟美德和自我道德完善紧密联系的。

在我看来，一个仁慈的独裁者和严格分层的人际关系是孔子思想的核心。他期望每个人都能够尊重他人，善待他人。个性和追求独特不是儒家所崇尚的品质。评价一个人要看他是如何对待他人的而不是他的个人想法。它期望学生能够让父母、祖父母以及老师感到骄傲。要做到这一点，他们必须努力学习。孔子的这一传统在当今中国学生的学习态度和学习习惯以及中国开设的课程中可见一斑。这些课程往往重视书本内容而忽视社会实践的学习。

儒家经典《中庸》的结尾处反复提到要想成为榜样性的人物就必须非常努力，比如："有弗学，学之弗能，弗措也；果能此道矣，虽愚必明，虽柔必强。"刻苦学习的思想贯穿于孔子的整个思想体系。这一思想体系在中国已有两千多年的历史，经久不衰。子曰："学如不及，犹恐失之。"

有没有相似的理论来左右美国教育呢？苏格拉底在孔子死后不久诞生。他通过弟子柏拉图、色诺芬和阿里斯托芬尼斯将思想传于后人。他相信老师应该将学生引向光明。他的授课方法不是直接的知识灌输，而是通过不断提问启发让学生自行思考从而理解问题。苏格拉底的教学法延续性较弱，没有一直延续到现在，中间有所中断。西方的教学模式已经经历了多种选择。在 18 世纪，卢梭不但影响了政治思想，将其推向民主，而且还影响了教育思想。他和后来的玛利亚·蒙台梭利看重孩子的天性，但是他们却不赞成孩子是天生的思考者。贺拉斯·曼，一个于 19 世纪初为全民教育而游说四方并取得成功的人，想让所有的孩子都有相同的机会接受教育，因此课程开始变得规范化，并且死记硬背被认为是向学生传输信息的一个非常有效的学习方法。

在 20 世纪，美国的教育理念左右摇摆，每几十年就会发生变化。杜威将体验式学习引入学校。紧接着，教育行为学家们也纷纷发表意见，他们认为孩子就是需要填充的空容器。为了反驳这一观念，20 世纪 60 年代的教育开始朝着开放式、体验式学习的方向发展。在这种教学模式下，其他人可以互动并且需要更多的积极性。美国有各种各样的教育传统，这些教育传统似乎对当今的美国教育既有积极的影响也有消极的影响。根据目标的不同，关于最好的学习方法每一次运动都有一个不同的焦点，并且运动的结果往往是恶语相向，而不是互相迁就。尽管苏格拉底的哲学和他的弟子们继续影响着美国教学的方方面面，一些中学也在使用苏格拉底式研讨会增强学生们的思考能力，但是苏格拉底的思想并不是直接传到现在的。尽管很多世纪来中国历史已经或多或少歪曲甚至重新解读了孔子的教育思想，但是孔子思想流传的轨迹要直接得多。

孔子将自己描述为一个为追求知识而"发愤忘食，乐以忘忧，不知老之将至"的人。那些讲诉他孩提时代的故事，不管是真的还是想象的，都充满了对孔子执着的求知欲的描述。这种求知欲是一种学习的动力，甚至在 21 世纪的今天依然盛行。在中国的每个小学教室里，孩子们笔直地坐着，聚精会神，时刻准备着改正同学回答问题时犯的错误或回答老师的提问。他们勤奋、专注。教育制度

和考试必须得高分的形势迫使高年级的学生将这些习惯进一步发扬光大。

　　每当我进入一间中国的教室，我都会感受到一种在美国从未有过的对学习的专注程度。中国的每堂课都被精心设计，十分紧凑，不会浪费一点儿时间。我仿佛听到孔子在催促他的学生再认真一点，再勤奋一些。

中美基础教育大碰撞
美国教育专家跨国调研实录
EDUCATING YOUNG GIANTS

第四章

理解的深度：数学

徐是我在 20 世纪 90 年代搞科研时的合作伙伴。当他准备参加 GRE 考试 (申请美国研究生院必须参加) 的时候感到非常焦虑。

"我不太擅长数学，"他告诉我，"我一直擅长的是语言。"

当我后来让他向我解释他 GRE 考试近乎完美的数学分数时，他说："但是那是非常简单的数学，即使对于我来说也都很简单。"

那好吧，我想，那些题目对我来说可不容易，而且大学时我还是学数学专业的。

各种研究和国际测试都显示中国学生学数学比美国学生要更有深度。1991 年，当我在中国搜集论文资料的时候，我了解到了哈罗德·史蒂文森和詹姆斯·斯蒂格勒的研究。他们花了好几年的时间探索中国学生和日本学生优秀数学成绩的奥秘。在一系列的研究中，他们发现中国学生对于数学学习的态度与美国学生非常不同。他们证实了中国小学生和美国小学生的成绩差距，并探索了可能的成因，比如上课时间、父母的态度，以及学生的作业时间等。

随着我在中国待得越久，我越发现数字渗透到人们日常生活的方方面面。以一个西方人的角度看，我认为中国人对于景点的描述将英语中描述景点的方式彻底颠覆了——占地面积，建筑物的数量以及建造年代。各类杂志文章以及网站介绍中都充满了数字。为了吸引学生，在某所大学网站网页上的第二句话写到：校园占地总面积 310 万平方米，建筑面积大约 90 万平方米。我无法想象一所美国大学的网站上会出现这些让人毫无感觉的数字信息，更不用说是写在第一段了。

在与中国的朋友和同事聊天时数字也经常被提到。这个数字是吉利的，那个数字是不吉利的。美国人也有一个值得注意的数字：一栋有第 13 层的高楼或者有 13 号登机口的机场。但这跟中国对数字的关注相比算不了什么。有一次当我和一个同事冯在南京的马路上开车时看到了几对新婚夫妇在一个婚纱影楼的旁边穿着婚服拍照。这些新娘们有的穿着西方风格的婚服，有的穿着传统中国式深红色的旗袍。冯给我指着新娘们身后贴在窗上的两个大大的完全一样的汉字。

微笑看着玻璃上的两个"喜"字，他说："双喜。"他喜欢给我解释这点点滴滴的文化。"今天是九月九日。九是一个非常吉利的数字，那么九月九意味着大吉大利，福星高照，所以很多夫妇都争取在这个日子结婚。"

还有一次，一个朋友匆匆忙忙跑进餐馆，因迟到而向我道歉。

"我在排队买这个性价比很高的手机号，"她解释道。

"什么？"我问，"你们不同的号码要付不一样的钱？"

"嗯，是的，一个最吉利的号码是非常贵的。而一些不太吉利的号码就不用花多少钱。"

"比如说呢？"

"比如说带 4 的号码。"

后来我得到一个带 4 的号——是免费的。我的中国朋友们保证说尽管 4 这个数字听起来像"死"这个字，但是他们还是会给我打电话的。

虽然我研究生阶段的研究方向是阅读和写作的发展，但是一有空余时间我还是会观摩中国的数学课程。第一次是在位于北京和南京之间的一座工业城市徐州的一所重点小学。这将是为我这个第一次到访这所学校的西方人专门在礼堂开设的一堂演示课。

有大约 60 个二年级的小学生坐在礼堂里，他们的铅笔盒和书本整齐地放在每一排前面桌子模样的搁板上。马老师，一位已有几年教龄的中年妇女，毫不迟疑地拿起一张张闪存卡模样的卡片，每一

中美基础教育大碰撞
美国教育专家跨国调研实录

个上面都有阿拉伯数字写成的算术题。孩子们笔直地坐着，异口同声地大声回答："48+20=68，6+80=86，74+6=80。"他们对加法了如指掌。

我把身体从椅子上往前稍稍移了移，此时我感受到在美国小学数学课堂上从未见过的活力。孩子们不但自信而且十分专注。马老师拿起一张大一点的卡片读了一道新问题："有五朵黄玫瑰和八朵红玫瑰。那么红玫瑰比黄玫瑰多几朵？"在孩子们重复问题的时候，马老师将问题部分用曲线划上下划线。我的翻译为我把这些都译成了英语。

学校的副主任和我一起坐在礼堂的后面，挨着我。他用英语小声地跟我说这就是今天这堂课的重点。我微微笑了一下，心想我一定是听错了。二年级的学生当然不会花费40分钟的时间在一个问题上，而且还是这么简单的问题。我一年级的学生都能很容易回答这样的问题。

黑板上有一副图，上面画着五朵黄玫瑰，在它们的下面还有一排，是八朵红玫瑰。接下来马老师用手盖住了多出来的三朵红玫瑰。我瞥了一眼坐我前面的一个孩子的课本。课本上的图片有几分不同：上面有五朵黄玫瑰，下面有八朵红玫瑰，但这一次是前五个红玫瑰被用阴影遮住了。图片如下：

黑板上：

00000　　　　　　（五朵黄玫瑰）

00000000　　　　（八朵红玫瑰）

课本上：

00000　　　　　　（五朵黄玫瑰）

00000000　　　　（八朵红玫瑰）

　　副主任关切地向我这边靠了靠，极其详细地向我解释这个疑惑。他说马老师教授这个概念的方法跟课本上面有所不同。首先她展示了相同数目的红玫瑰和黄玫瑰，然后她拿开手露出额外的三朵。他说老师们一起研究过如何教孩子们这一重要的概念，得出的结论是马老师教授这一概念的方法要比课本上的好。我很惊讶他会描述地如此详细，但是显然这对于他很有意义。

　　马老师先让学生读这道问题，然后打开头顶的投影仪，展示一排排的彩色花朵。她盖住多出的三朵红玫瑰，就像刚才黑板上那个图形那样。她开始解析这道问题并且让学生仔细观察。我的翻译好像是认为这一切都太平常，说他们只是在以不同的方式描述问题。这看起来那么容易，但是这些孩子却能用比我的学生更多的方式去描述它。

　　这些二年级的小学生打开他们的铅笔盒，拿出用小火柴棒、切断的塑料吸管以及去掉尖头的牙签做成的自制计数器。按照黑板上图形的样子，每个孩子都拿出 5 个放在上排，再在下面更整齐地放上八个。我自己的小学生也喜欢用物质材料——用老师的行话说就是"道具"。但是尽管他们在认真地创造图形，但是他们的图形还是随意得多。而这些中国孩子使用这些材料时要精确得多。

　　龚靠过来解释说他们的任务就是解答出下排多几个物体。看到这个问题如此简单，我忍不住想要发笑。但是我前面的孩子们触碰着每一个火柴棒都好像在数它们。没有人像我的一些学生那样因为已经知道了答案而不认真或是消磨时间。

　　马老师让几个学生给出玫瑰问题的答案并且解释答案是怎么得来的。然后一个学生被要求在黑板上画出另一个问题——三面红旗在上面，八个在下面，其中下面有五面用阴影遮住。仍然是非常简

单的问题。如下图：

　　老师与那位学生在黑板上讨论，其他人也纷纷发表自己的想法。有多少是相同的呢？上面有三面旗子，下面有三面旗子，这样下面就还有五面旗子，那就意味着下面多出多少旗子吗？

　　我开始变得越来越不耐烦。他们在玩我们称作"数字家庭"的游戏。数字 3、5、8 是一个家庭——3+5=8; 5+3=8; 8-3=5; 8-5=3。我的一年级学生一旦懂得了这个概念，就喜欢做不同"家庭"的此类问题。可是在这个因数学能力强而闻名世界的国度，为什么会让二年级的学生花费这么多的时间在这么简单的问题上？

　　当老师转到下一个问题的时候，我得到了答案。"有 245 个女孩，男孩比女孩多 51 个。班级里有多少男孩？"她在投影仪上投了一个跟刚才那两幅图相配套的图表，但是男孩的总数省去了（见图 4.1）。

　　刚才她举的例子的简单性在此时突然讲得通了。学生们立刻就知道男孩的数量是女孩的数量 245 加上 51. 马老师解释那些简单问题的方法使这个更加复杂的问题很容易思考出来。

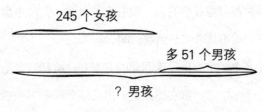

图 4.1　二年级数学题，中国。

学生们开始翻开课本，这一次书上的插图跟头顶幻灯片的图形是一样的。他们将答案直接写在他们平装版的课本上。课本上除了练习外还有一些讲解材料。

马老师检查了几个孩子的做题情况。她跟孩子们的互动也显示出她这些年教学的经验。大部分孩子们是在课本上核对答案，而其中一个学生将自己的答案写在黑板上。我看着这一切，突然想到尽管我如此地喜爱数学，我也没能真正弄清楚这些潜在的数学概念，以想出最好的办法去呈现最原始的问题，好让学生们正确地解答更加复杂的题目。

马老师提出下一个问题：有326面红旗，黄旗比红旗多73个，那么有多少面黄旗？像我见过的很多其他中国老师一样，马老师将四个问题写在黑板上，然后为了强调相似的部分用彩色粉笔将其标了出来，整个过程十分连贯。这跟美国中小学老师黑板上呈现的杂乱的符号有显著的不同。

孩子们完成旗子问题后就把火柴棒和塑料吸管收起来了，我开始记录我所看到的一切。虽然问题种类和操作工具与美国教室十分相似，但是马老师对第一个问题非常简单的处理方法却与美国有明显的不同。而且，她的学生对待这些简单问题也都非常认真，并且老师也教会了他们如何把这类简单的例子应用到较为复杂的计算中。马老师是在教学生们数学，而大部分的美国小学老师只是在教算术。

那天晚上在徐的家，我仔细看着他上一年级的儿子小伟的数学课本，而且看着这个小男孩完成他的作业。他在计算练习册上包括一个零的两位数加减法的练习题——例如30+28和43-20。穿插着还有一些个位数和两位数的运算，例如6+15。不像我的孩子们的

美国课本那样，这里面没有哪一页全是同一类型的问题。

徐让我看了一下小伟学的课程——带一个零的数学题。这本书同样运用了插图。插图上是一根线穿了很多珠子，重点是帮助学生理解十的倍数的加减法。这个练习是让学生将三组十，加上两组十，再加上八个单颗的珠子。徐说再过一个月小伟要学更高一级的运算了。这本书还包括一些基础的乘法问题，一开始也是通过火柴棒演示概念的。这些题目都跟我在一年级上课的内容相似，但是直到我看完了数学课和小伟做的作业之后，我才意识到他们学习数学的深度远远超过了我们。

回到洛杉矶不久之后，我读到詹姆斯斯·蒂格勒和哈罗德·史蒂文森的一篇文章《亚洲老师是如何将课堂润色到完美的》。他们的描述与我在徐州课堂上见证的完全切合，但是他们还提到了一个我曾经见到过但是却无法准确描述的课堂特点。课堂的方方面面都被充分考虑到并且被修饰得如此完美以至于孩子们可以在40分钟的课堂上一步步认真地从简单的概念成功过渡到这些概念的应用，进而可以解决更加复杂的问题。徐州的课堂是一个展示课，毫无疑问是曾提前排练过。然而，自那时起，我也看到过很多未经排练过的课堂，即便是没有彩排，它们也都被认真地润色过。

尽管我的研究不在这个领域，但我还是会读很多史蒂文森和斯蒂格勒的书籍，了解他们对中国学生学习数字时的一些特定学习策略的研究记录。例如，班级里有中国移民的孩子的老师会注意到这些孩子不但善于计算，而且不太喜欢估计数字或将数字做四舍五入的处理。他们喜欢精确的答案。

在接下来的几次旅行中，我观摩了几节教孩子一些简单的代数方法和分数概念的数学课程。我也注意到数字在中国的日常生活中无处不在，不过他们处理长串的数字非常轻松。

"06390502624。"张莉一边重复着号码，我一边记着，将这些数字之间打上适当的破折号为了好记。

"你不必在数字之间划上破折号的。"她说，语气里有一点点责备。我已经听到过好多次不要在十位数字中间加破折号的建议了。但是我认为我们有些人还是需要将数字分组才能记住它们的。不过，自从在中国旅行我记住数字的能力已经增长了很多。通过电话卡拨号的国际电话可以有多达52个数字，现在我经常能准确地拨出号码。

2009年，我花费了一周时间在南京的各个学校听课。很多年前我就学会尽量避开一些重点学校，因为比起其它大多数学校它们每年会收到更多的国家资助，而且有较好的生源。因此我跟一个朋友商议去她女儿就读的一所普通学校听课。我跟着她沿着一条因下雨而有些打滑的石板路来到一座崭新的大楼前，在那里负责社区事务的副校长接待了我们。他带着我在普通的教学大楼附近到处参观，还向我介绍了在公共办公室备课的小学老师们，不一会儿就来到了一个二年级的教室里。作为尝试，学校将小学的各个班级限制在25个人左右，而不是一般的50人或60人。然而，在很多美国学校，小学低年级的小班制教学远不及小学高年级与中学的大班制受欢迎。

我坐在教室的后面看着低年级的老师进来，孩子们起立向她问好。课程立即就开始了，没有浪费一秒钟。随着音乐响起，学生们在练习册上开始做40个包括不同数学概念的预热题目。他们完成后，一个学生站起来给出答案。

"33。"她说。

"正确。"所有学生一起回应。

"10。"

"正确。"

"183。"

"正确。"

当他们都回答完，老师问他们最近都学了什么。

"三位数的加法。"其中一个回答道。

老师重复了一遍答案，紧接着又叫另一个。

"三位数的减法。"从一个环节到另一个环节中间几乎没有停顿。

"好。今天我们一起来回顾一下三位数的减法。"

他们打开课本，翻到一页上，上面有如下问题：

12–5　　15–7

120–50　150–70

"请找到第一个问题开始做练习。准备好了吗？开始！"

20 秒之后，老师开始发话说有的学生已经完成而其他人有点太慢了。我对这么直接的批评有些害怕。尽管中国的教育工作者们不止一次地告诉我孩子是否能够成功关系重大，可我还是有些困惑。

学生们给出了那些问题的答案。

"12–5=7。"一个学生回答道。

"正确。"所有学生一起回应。

"120-50=70。"

"正确。"

"15-7=8。"

"正确。"

"18-9=9。"

"正确。"

"180-90=10。"

"正确。"

看到学生们没有注意到最后一个答案的错误，我被逗乐了。"正确"已经成为了他们的自动回应，有几分像打节拍的感觉。好吧，我想，中国的孩子可能在数学方面比我们的学生超前，但是他们仍然是孩子。

老师迅速地打断："好，现在我们来看看这个问题，这个问题跟它上面这个有关系吗？"

"有。"他们回答道。

她引导着孩子们慢慢地一步一步地将刚才他们的回答从头至尾捋了一遍，然后叫起一个坐在教室中央穿着红色夹克的女孩："好，高翔，这道问题的答案是什么？"

"上面的问题是18-9=9，这道问题应该是180-90=90。"

"好，"老师重复道，"上面的问题是18-9=9；下面这道题目是18个10减去9个10等于几个10呢？"

学生们一起回答道；"9个10。"

她继续："9个10等于多少？"

"90。"同学们喊道。

后来，当我有时间细细品味这堂课时，感觉她的授课节奏之

快以及概念与题目关联性的构建让人惊叹。我确定大部分的美国老师，包括我自己在内会通过加零的方法解释这个问题，而南京的这位老师始终坚持了基本概念，通过减十的方式讲解。仅仅是到了后来她才转向这种快捷方式——加零。中国数字"九"以上的汉字表达法也能从一定程度上帮助他们理解这类概念。从10到19被写成"十"、"十一"、"十二"、"十三"、"十四"，等等。25是"二十五"，59是"五十九"。尽管这种理解数字的方式已经植入语言，老师仍然反复强调这些数字是由一组组的10组成的。

接下来是一组减法练习，每一个问题都有一个被减数（上面的部分）和一个减数（要被减去的部分），计算两数的差。她叫起一个坐在后排没有举手的学生描述他们将要用到的减法规则。

"被减数减去减数等于差 x。如果我们从一个被减数上减去减数，我们就得到了差。"那名学生答道。老师重复了一遍，然后所有的学生又齐声说了一遍。接下来又是连续的基本概念的重复。虽然这是一个基本的数学概念，但是她在确保学生们回答问题的过程是无意识的，几乎成为一种条件发射。

荧光屏上展示的减法问题以及他们练习册上的减法问题都需要"借"，例如：

$$729 \qquad 627$$
$$-439 \qquad -276$$

首先，老师领着学生们做了几道题，然后提醒学生在做此类题时一定要从较大的数位上借"1"。

"谁可以告诉我完整的计算规则？"她问道。然后她示意了一下坐在我前面的一个小男孩："刘子豪，你来。"

他站起来回答道："调整各个数位，使个位对应个位，十位对应十位，然后从个位开始。"我从来不让我的学生以文字的形式记忆数学过程。我想原因是只要他们能够完全理解这些数学概念就够了，就可以在以后对他们有所帮助，否则这将是没有用处的。但是这些学生似乎能够运用死记硬背的方式学习数学概念。

老师继续说："如果被减数个位上的数字不够减，我们就要从十位上借1，让1变成10。"她一边讲着一边走上凸起的讲台。在这之前她一直是在学生的书桌前来回走动的。

老师继续发问："有没有其他人可以告诉我完整的计算规则？"一个女孩站起来，再一次重复了刚才的规则。

"很好！现在请用这些规则完成下面的这些问题。准备，开始！"

她给他们90秒的时间完成五道需要"借"的三位数的减法题目。接下来她拍了三次手让学生们注意，问他们有没有什么困难。她在做着马丽萍（已经移民美国去了一所研究院）在她的研究中发现的事情：在比较中国与美国小学老师教数学的方法中，她发现，与美国老师不同，中国的数学老师不断地鼓励学生讨论他们不懂的部分。可是，中国的父母告诉我只有最勇敢的孩子才会在课堂上问问题。

我看到几只小手毫不胆怯地举了起来。

老师叫起一个黑头发带黄色发卡的小女孩说："好，我看到了，范淼，你有问题，告诉我们吧。"这个学生解释了她的问题，然后

老师领着学生从头至尾讲了一遍，每一个步骤老师总会让不同的学生做出回应，一边讲一边纠正错误，并且在讲到一个问题的下一步之前会让学生们重新思考一下答案。

我知道大部分的美国老师都会同时教五门科目甚至更多，因此他们没有足够的知识深度可以让他们一步一步引领孩子弄懂数学概念从而避免知识误区。中国的数学老师往往只教一门科目，而且在一些城市的小学中，他们专门研究低年级小学课程或高年级小学课程。

下一组的三道问题也需要"借"。三个学生要在黑板上完成它们。他们需要写出解答的全过程——列竖式和横式，写出所有需要"借"的地方，最后还要列出他们检查答案的步骤。班里的其他同学在课本上做这些题目。四分钟之后她让他们停下来。

"请大家快一点。"她补充道。看到一个小孩仍然在写，她说："王浩然，停下来。"她开始拍手，其他的学生也都附和她。老师拍三下，学生拍三下，这样连续五次，那个小男孩终于停了下来。

"请不要让我再因为你拍手拍这么久。"她对那个小男孩说。哇，我想要是我是王浩然的话，估计自己就瘫掉了。后来我跟一个有小孩的中国朋友聊到这事，她哈哈大笑。

"他必须要学会快一些。"她说，"任何人都可以做事情很快，而且如果一个孩子需要比别人更努力做成一件事情，那么他就应该这样。"

当美国的老师想要让学生加快某种技能的获得时往往远没有这么直接。是的，美国老师也会给很多计时的数学题目来做——简单的加减法或是乘法。但是不管是对待一年级还是中学的学生，即使对学生要求很高的老师也不会采用中国老师这种独断的授课方式。

当中国二年级的学生在学习新的数学运算的时候，在老师的帮助下他们意识到了错误，并且改正了错误。但是当涉及到计算速度的时候，他们应该知道，老师的态度是很坚决的。在课堂上她时而要求学生做题时迅速做出回应，时而又故意地放慢速度讨论比较有难度的问题。

马丽萍做了深入的研究，她将美国的小学老师（被认为更擅长数学）和中国的重点小学以及普通小学的老师做了一个比较，发现大部分的美国老师理解数学的深度不够，不足以了解学生的错误和对概念的理解不当，从而帮助学生掌握复杂的数学课程。在她的研究中，比起美国的老师，中国的老师接受的正式教育要少得多，而且参加的高级数学课程也少得多，但是他们在把握学生掌握小学数学中所遇到的困难上显然要到位得多。更重要的是，他们知道如何授课才能让学生明白。可能部分原因在于中国的老师有机会集体备课来研究如何最好地呈现课程。

虽然中国学生的数学能力享誉世界，但是教育部也在积极推动学校将课程现代化。他们看到了有必要抛弃原来的孤立学习运算法则，将数学与现实生活联系起来，于2001年制定出一至九年级的标准，2003年制定出高中的标准。主要的变革包括一种螺旋式课程。这种螺旋式课程涉及代数、集合和统计，这些课程的知识点会在每一个年级重复出现。在一年级时会有更高一级的知识，而这些会在以后的每一年中出现，但是难度会有所加大。另外，新的标准需要书本内容结合更多的以学习者为中心的活动，并要求老师将数学课与实际生活相结合。

例如，对于概率与统计的教学，这些标准强调培养熟练处理包

涵数据的问题的能力，强调通过数据收集鉴别数据在决策时所起的作用的能力，强调图像展示与分析的能力，以及强调精确地读出数据资源和摘要的能力。一年级到三年级的学生需要做到：

能够根据某种标准将物体比较、排列以及分类；搜集、记录、描述和分析过数据；学会使用象形图、柱状图以及图表展示数据并用中间数概括它们；学会从媒体（报纸、杂志和电视节目）获取信息；能够根据数据向其他同学解释观点；学会鉴别决定性现象和偶然现象；学会列出简单试验的可能结果；能够理解不同的事件发生的可能性不一样，而且能够定性地描述这种可能性。

四到六年级的学生应该能够以更高的标准做到这些，应该能够设计简单的调查问卷，能够适当地理解和使用平均数、中数和众数。他们也应该学会读懂新闻媒体中的统计表和统计图，并且能够理解这些数据可能具有误导性；学会同等概率的概念，知道游戏的公平性；能够在简单的情况中计算出概率并且能够设计一个游戏使偶然发生的事件必然发生。

上海华东师范大学的数学改革家李军建议，低年级的学生应当采用下面这种活动方式来学习"平均数"或"算数平均数"：

五个女孩和五个男孩每个人都有一些铅笔。

铅笔的数量如下：

女孩：3, 3, 6, 3, 5 ；

男孩：2, 2, 6, 2, 3 。

问：女孩的铅笔比男孩多吗？解释原因。

学生们不应该只是计算答案而是应该描述他们如何并且为什么得到这样的结论。正如我在徐州二年级的课堂上看到的那样，他们也应该被鼓励想出尽可能多的办法解决问题。根据学生的回应，老师应该引导他们理解更加复杂的统计知识。

对于高中的统计学课程，学生可能会被要求研究一组人的身高。他们要搜集班里每一个人的身高的数据，然后每一个学生应该选择一个随机的样本，计算出样本平均数，并且比较他们找到的不同的平均数。最后他们使用不同的公式计算出所有样本的平均数得出最有效的一个。

从事国内外数学教育改革的李军发现尽管老师们都已经适应了新的课程标准，但是很多人发现使用这种标准有难度。在2004年的一项调查中，90%的被问到的老师说他们还在继续使用很多以前的教学材料；75%的被询问的初中生说他们至少一半的作业都不是书本上的题目而是老师另行布置的。李说，事实上，学生们喜欢以学习者为中心的活动，但是老师们不愿意运用它们。其原因是当前的高考无法检测出这种学习方式的结果。

我对此次教育变革的十年观察始于2001年。我发现在美国，重大的变化往往需要很多年才能生效。虽然在所有的小学里我都能看到对学生更加有益的课本、越来越不正式的教学模式以及小组作业的引入，但是基础课程的变革仍然十分缓慢。而且，在中学（几所特殊的学校除外）这种变化也十分不明显。

中国文化中人们对数字的精通不可能传到美国文化里，几百年来积累的日常生活中使用的有深度的数学知识也不可能被美国人所掌握。但是我们可以想想如果我们的小学老师不再需要同时教五门

甚至更多的课程，我们的数学教学会怎么样。我们也可以想想我们
该如何给老师们足够的时间，来共同研究中小学生在掌握基本概念
时可能会遇到的典型困难，让老师们团结合作，找出方法使学生们
对数学知识有更深层次的理解，从而提高数学的教学水平。

第五章

压力与考试

林君，一位活泼的英语教授，和我坐在南京大学一家餐厅靠墙的位子上，附近的婚庆声不绝于耳。我们经常会利用午餐时间交流英语教学的新想法或者讨论林君那些研究应用语言的书籍。但今晚她满脑子都是她的孙女。

"纯纯会喜欢这个的。"在提到外面的婚礼时，林君平淡的语调流露出一丝欢快的情绪，"但是，她却不得不抓紧每分每秒全力备战，以考入重点高中。她实在是抽不出时间和我们一起来这儿吃晚餐。离入学考试只有短短一个月了。"

我实在想象不出中国学生到底承受着怎样的压力。纯纯只有11岁，而且那天还是周五的晚上，学校第二天又不用上课。周六的补课制度早在几年前就已经被废止了。

我敢肯定，我那个远在洛杉矶家中、正在上高中的儿子和上大专的女儿才不会因为下星期要交什么作业而在周五的晚上学习呢。我喜欢他们置学习于不顾并尽情玩耍的能力，虽然有的时候我也会因为他们的"玩忽职守"而生气。但是中国教育体系的严格和其中的压力在我看来着实让人难以忍受。

想到林君的孙女已经是个小学生，而且是个难缠的小学生，我便向她询问她那个活力四射的孙女的近况。据我推测，纯纯应该和她的奶奶一样独立。而那天她到家时那张怒气冲冲的脸至今让我记忆犹新——她生老师的气了。

"她没事的。"林君说道，"但她很反感这种学习方式。她的妈妈不得不一再提醒她。"林君拿起菜单开始点菜，并补充："要是在美国学校的话，她的表现会出色得多。因为美国学校赋予她更大的自由，让她有更多机会四处走动。而中国的学校完全不适合她这种孩子的个性。"

2003 年的秋天，我曾在中国进行了为期一个月的英语调研活动。在分析中文句法、学习中文生字之余，我将人们的经历记录下来，这些记录大多与考试以及压力有关。我的调研搭档张峰也曾跟我提起过他那个幼儿园女儿为进入重点小学而不得不参加的年度小考。陕西西安一位主持人也曾告诉我，他的儿子为了高考正在马不停蹄地学习。他为了全力备战高考甚至复读了一年。听起来，这个 19 岁的孩子好像是被"软禁在家"一样。

而在我另一个朋友家里（1991 年我曾在这儿待过很长一段时间），我也亲眼目睹他那个尚在一年级的儿子每天晚上花两个小时做作业。即便是在 6 岁生日那天，他和他的朋友也得诵读课文六遍，不断抄写当天新学的生字直到他们完全记住这些生字。之后，他们还得做数学作业。只有在完成全部作业并熟练掌握所有知识后，生日宴会才随着长寿面的上桌正式开始。

"如果他们现在不像这样努力学习的话，他们永远都上不了大学。"徐建元说，"在中国，'头悬梁，锥刺股'的苦读传统已经延续了2000 年了。"说罢，他便笑了起来，但是，我知道他这话一点不假。

1991 年，只有 5% 的中国高中生能够有幸进入大学学习，而进入大学的唯一一块"敲门砖"就是在高考中取得的出色成绩。而正是因为这个原因，徐建元与他的妻子，以及其他父母才会不断抱怨自孩子进入小学开始，他们管理孩子有多么困难。不同于以往轻松的教学环境，现在这些学龄儿童每天都得坐得端端正正，学习认认真真，按照笔画顺序一笔一划地写汉字并花好几个小时完成作业。

西方人最难理解的一件事情就是，高考成绩是决定学生大学前

途的唯一标准。除高考成绩外，再没有别的标准能够增加学生们上大学的机会。推荐信、学生论文也好，课外活动、平均分数也罢，统统没有用。学生们的学习前途甚至他们未来的事业很大程度上都由一个数字决定，由一场为期两天的考试决定。中国人将这种现象形容为"千军万马过独木桥"，因为大学的入学名额毕竟有限。这个分数不仅决定了学生们的大学，还决定了他们的专业。在中国，学生们都是进入大学进行特定专业的学习，而不是进行综合性学习。

美国的高中生也承受着在国家学术测试中考取高分的压力，但是他们可以通过很多其他方式增加他们被大学或学院录取的机会，比如推荐函、平均成绩、在校社团担任过的职务、参与过的特定项目、志愿工作，以及其他很多可以提升资质的东西。尽管在美国学生看来，同时完成好学业与课外活动有着相当大的压力压力，但是综合的经历却也帮助他们展现出了自己的学术能力、领导能力与创新能力。举例来说，我曾采访过一个典型的研究生。高中时代，他就成立了一个为孤儿筹款的组织。同时他也以实习生的身份参与了一个课题项目并从中获得了大量工作经验。由于与其他很多人相比，他的考试成绩并不尽如人意，所以他认为这些课外活动成为他进入理想大学的优势。如果美国大学或学院把考试成绩作为唯一的入学标准，家长们一定会反对。而这种做法也会使招生办工作人员无从了解必要信息，以协调培养学生的学术兴趣及领导能力。

很多中国人都批判这种对单一考试的依赖性，而其他人则为这种依赖性辩护。批评家们认为这种制度根据考试内容将教育压缩成某一类课程。而辩护者们则指出，这种公正不倚的方式是贫困学生以及缺乏人脉支持（比如有在大学教学的亲戚或者认识有影响力的人）的学生进入大学的唯一方式，对于来自农村的学生尤其适用。

　　作为一个贫困村庄的第一个高中生与大学生，安微回到家乡，努力改善着那里的教育环境。而他也是这种考试制度的信奉者。在他看来，一旦这种考试制度崩溃，行贿将会成为学生上大学的唯一方式。历史证明，尽管现行制度不甚完美，但是与其他实行过的制度相比，这种制度是最公平的。

　　事实上，考试以及考试带来的压力是中国的一种生活方式，与几个世纪以来中国人的历史以及文化习惯相交织。过去的2000年来，各朝各代都会在全国范围内举行皇家考试和科举，以从社会各阶层择选人才担任朝廷职务。尽管这种制度依旧更青睐那些富裕的人以及那些请得起老师、进得起私塾的人，但是它还是扩大了公平性，而孔子是这种做法的核心倡导者。

　　确实，如果没有所谓的皇家考试和科举，孔子的思想不可能历经2000年而不消亡。他的一大主要目标就是找到统一当时混乱政治局面的方法。于是他开始研读早他几百年的先哲的著作，并花费大量的时间精力拣选出他认为对民众与统治者有利的思想。而他编纂的书籍也成为后人所称的儒家经典。孔子死后，中国的大一统皇帝秦始皇（公元前221-207）曾妄图利用"焚书坑儒"来阻止儒家思想的传播但最终失败。公元前一个世纪，儒学东山再起。汉武帝将儒学尊称为官方哲学，并根据现存儒家经典，即《诗经》、《尚书》、《礼记》、《周易》以及《春秋》设置了五个相对应的学院机构。同时，汉武帝设立察举制等制度，根据个人品德以及考试成绩，而不是依照传统根据个人资产以及人际关系网选拔官员。自那以后的2000多年间，儒学便成为了基础课程以及朝廷选拔官员的主要考试

内容。但是，我对这段历史了解得越深，我就越难想象这种现象。近2000年来的考试难道都是考同样的五本书吗？要是在加利福尼亚州，我甚至都不敢想象同样的基础课程能否连续存活20年。

随着文化普及率的提高，越来越多的人，包括贫困的人，也开始参加考试。男人们（女人则不允许）在六岁就可以学习古文，并在接下来的20年、30年甚至更多的时间里日复一日、不断地背诵温习，直到他们准备好参加考试。而一个家庭为了让自己的某个家庭成员心无旁骛地学习则要付出巨大的代价，落榜不仅会给落榜之人带来耻辱，也会让他的家人蒙羞。

此外，一些中国家庭在孩子五岁之前就开始让他们背诵课程。事实上，儒家的文章是教授孩子阅读时使用的初级读本。难怪儒家的教义在现代中国也会如此盛行。然而，这种教学方法却与孔子所说的"求知欲"背道而驰。但是，从一开始，大声地重复朗读课文就是中国人理解课文意义的方式。各个年龄阶段的学者们也背诵儒家经典，因此，儒家经典便成为了中国文化不可或缺的一部分。

1905年，由于与现代社会需求脱节，这种皇家考试制度（科举）被废止。20世纪50年代初期，随着新生的中华人民共和国开始进行国家考试政策的改革，高考应运而生。随着中华人民共和国的成立，公立小学以及中学开始在全国范围内相继建立。

到20世纪90年代初期，由于大学入学名额极其有限，中国开始加大力气增加大学数量，扩充大学容量以吸收更多的学生。为了加大对大学教育的资助力度并优化大学资源配置，政府出台了一项又一项举措。

近年来，公立大学已经创立了附属的大型私立学院以实现创收。

其附属学院的学费通常更贵而且其颁发的学位证权威性较弱。然而，这种趋势却扩充了中国的学生人数。截至 2008 年，中国已有大概 300 所类似学院，但是由于缺乏足够的质量监督管制，政府已经开始遏制此类院校的快速增长势头。

中国的大学入学考试，即高考，在每年的六月举行，为期两天。考试期间，考试地点周边的交通会受到管制并禁止发出噪音。考场内，数千万的考生奋笔疾书；而考场外，考生家长则焦躁不安。

高考有三个必考科目——语文、数学、外语，以及三门其他课程。在中国的大多数省份，学生在考试之前就要选定大学的专业。尽管各个省市略有差异，但是，理科生必须要考物理、化学和生物，而文科生则要考历史、地理和政治。20 世纪 90 年代早期，有人告诉我这种考试是全国统一的。然而，自那以后，各个省份开始有了更大的选择空间来组织考试。

坐在固定的教室里，学生在监考老师的监督下，在机读卡上完成客观题以及一个开放性的题目，比如用中文完成一篇作文。这一部分的答案在被扫描进电脑并去除所有可能说明学生身份的标记后便会交给老师批改。

从考试开始到结束，很多考生父母，甚至祖父母都会在考场外等候。我曾采访过的一个北京学生告诉我："我的父母就在考场外，他们比我还要紧张。"一位来自中国西南的四川学生告诉我，他的父母整整两天都守在考场外，并在随后的一个月中焦急地等待他的高考成绩。而其他一些学生的家长则会在将学生送进考场后回家等候。

美国的考生则要在学术能力评估测试或者美国大学入学考试中备受煎熬。美国并没有国家性或政府性的考试，事实上，并不是所

有的大学都有入学考试。如果学生选择了学术能力评估测试，他们便要参加一项包括写作、批判性阅读以及数学在内的综合性考试。除客观题外，这项测试中的写作与数学的答案都是开放式的。为了取得高分或者证明自身资质，学生们可以再选择参加不超过三个项目的考试，比如生物、外语等。如果考试成绩不尽如人意，他们可以选择重考。几乎所有的考试都是每隔两到三个月举行一次。而在中国，如果中国的考生考试失利，他们也可以选择重考，但是，这就得等到来年的六月了。

在美国，学生可以通过网络课程或者各式各样的带有样题的书籍来学习为考试准备的课程。对于那些立志考名校的学生来说，压力无疑是巨大的。然而，不管是学术能力评估测试还是美国大学入学考试都只是学生的"大学敲门砖"之一，他们还有很多别的方式来证明自己的资质，比如个人论文或者面试。但是，中国的学生们则活在一个"加压舱"中。同美国那些就读于享誉全国的私立院校的学生一样，那些就读于重点高中（多为分布在中国东部富庶省份且颇有名望的学校）的中国学生在高考还没开始时便具有了很大的优势，然而，和美国的名校学生比起来，中国的名校学生所具有的优势似乎更大。相比于美国贫困地区的学校，中国的乡村学校更缺乏教学资源。同时，高素质教师的缺乏在中国的乡村学校也是个频发性问题。

在美国，尽管各高中仍会为接下来的学术能力评估考试以及其他的附属考试做准备，但这些考试却并没有主宰所有的教学及学习活动。在中国，高中生们整整三年都在为一场考试做准备，而早早就已经开始的全部课程则由多靠死记硬背的考试准备课程组成。中国所有的学校都这样，即便是不打算参加考试的学生也得过这样的生活。

2004年，我曾经帮助正处在假期的乡村老师们锻炼过英语口语。本着"轻松学习"的初衷，我和其他两位西方人试图通过即兴对话、模拟通话以及所有我们能想出的、能帮助他们在放松状态下顺畅使用英语的方式来调动这些老师的积极性。但在礼貌之余，这些老师更多地流露出抵触情绪。尽管策划这项活动的组织者们希望为这些乡村教师们提供有史以来第一次能够与说地道英语的外籍人士交流的机会，但是这些老师却只是想着背单词或者是让我们为他们说明语法重点。他们反复告诉我他们没有时间在课堂上开展这些随性的活动，他们必须日复一日地按照教学大纲要求进行教学活动，而他们的学生也只有通过默记所有单词才能通过高考。没错，我们的确成功地使他们进行了更为自由的交谈，但是三个星期以后，尽管他们十分赞赏我们这种教学方式，他们却依旧将花时间理解并练习口语视为一件奢侈的事情。

之后，在与学生一起备战高考的过程中，这些乡村教师中的一位给我发了一份邮件：

我们一星期连续7天，每天工作将近12个小时，只为与学生一起备战六月初的高考，而距离高考已经不到50天了。你永远都想象不到，中国的高考压力有多么大！

在回信中，我认同了他的观点，表达了我对他们所承受的压力的不理解。而他则回复道：

中国的考试太可怕了，有的时候不论是老师还是学生都不堪重负！这也可能是中国很多人不像想象中那样富有创造性的原因吧！你知道吗，高考倒计时只有 14 天的时候，我的学生们每天晚上 7 点到 10 点都要进行模拟考试，而每个周末他们还要参加更为真实的高考模拟演练。更糟糕的是，我的儿子——丹尼尔——还在读三年级的他现在不管是在学校还是在家，学习任务都重了很多。

这些情况我已经从中国学生口中听到过很多遍了。那些在乡下上高中的学生（由于距离关系，多数学生选择寄宿）告诉我，学校在高考最后三个月是不会允许他们在周末回家或是让父母来学校探望他们。而一个女学生则告诉我，备战高考的唯一好处就是"我们女生可以减肥"。

一名来自中国西部的四川学生说，在考试前的几个月，他所在高中的许多学生都感到十分压抑。令他感到欣慰的是，他成功地被中国东部一所知名大学录取。

政府里的一些官员以及越来越多的心理学家开始担忧这种密集型学习的效果，以及由父母强迫去学习和赶超别人的影响。但是由于竞争激烈，传统根深蒂固，这种学习模式几乎没有任何变化。

2007 年，当时我正与刘亮及其妻子坐在南京机场的午餐区等待开往西安的飞机，我们聊到了考试。他们说许多学生都因为考试而有严重的心理问题。刘亮现在是一个周游世界的成功商人。他说他成长在一个贫穷的农村家庭，在一年级的时候他就习惯了一连几个小时的体力劳动。因为从杂志上了解到了城市生活，他开始不断地学习，想通过高考从而逃避繁重的农活。在高中的时候，为了应对考试他每晚从未睡觉超过五个小时。他通过了高考，人也累垮了。现在，15年之后的今天，每当高考到来的时候，他的噩梦都会重演：老师将试卷放在他面前，他看着试卷，大脑一片空白，整个人被恐惧吞噬。

刘亮和他的妻子都相信大部分中国城市孩子的高压生活会将他们累垮。他们确保自己上初中的儿子可以在晚上和周末几个小时内完成作业。但不像其他的中国父母那样，他们不会将儿子的空闲时间填满各种补习班、钢琴课以及其他的活动去提高孩子的竞争力。他们认为儿子跟许多拼命学习取得好成绩的孩子不同的是，他是一个普通但快乐的孩子。

整个中国，家庭生活都被考试统治着。从小学开始，随着年级的增加，考试强度也在加大，在高三这一年达到顶峰。有一年，当我现在的研究伙伴于振友在北京机场接我的时候，我提到了他车子后座上堆着的枕头。

"这是为我儿子准备的，"他说，"因为现在在上高三，他现在在努力地准备考试，所以需要足够的时间放松。我们开车送他到学校时，有了这些枕头他会更容易在车里入睡。

虽然他们的儿子从小到大学习一直十分勤奋，但是他们的家庭生活还是成了他学习的牺牲品。"我们无时无刻不在帮助他成功，"于说，"这很重要，这就是中国学生的生活。"

学生们志向远大，但是竞争激烈。为了高考他们都会给自己定下几乎无法完成的目标。高倩，一个南京的朋友，说为了中考取得高分，学生们甚至在初三就会上很多周末班或夜间班。大部分

十四五岁的学生都会提前一年开始准备考试，这在美国相当于八年级。他们认为，他们进入的高中越好，在高考中取得高分进入名校的机会就越大。高说父母们为了帮助孩子准备考试几乎都累得筋疲力尽。

甚至老师们也会一较高下。高说他五年级的儿子曾说过，一位老师在上数学课的时候宣称他的学生中有三个进入了重点中学。这样的高分对于他儿子所在的学校来说是相当突出的。高补充道："他这么做的唯一原因就是炫耀，让其他老师在学生面前抬不起头。反过来，这样也会让老师们进一步逼迫学生们更加努力。"

2009年，作为洛杉矶－广州友好城市联盟的访问学者，王兴业，一位历史老师，在他学期末的报告中提到尽管一半以上的高中毕业生能够上某种大学，但是考取名校的竞争却是异常激烈的，会让学生们心力交瘁。上至国家教育部门，下至学校都采用各种具体的措施来提高学生的分数。而且，学校、学区乃至省级教育部门都组织各种模拟考试。

学生的分数、老师的评估以及学校的名声之间有直接的联系。为了获得晋升，省级部门官员就会给老师们施加压力，而老师们反过来就会给学生施加压力以取得较高的考试分数。

在美国，虽然学生们感觉进入八所常春藤大学以及几所其它著名学府会很有压力，但是更多的学生对各种各样的其它学校感兴趣，并且认为在那里他们也能够得到对他们将来职业有价值的教育。而在中国，受过良好教育的父母们会给自己的孩子把目标设定在全国前10或前15的一流大学。每当我问到为何一所二流大学不可以，总是可以得到如下忧心忡忡的回应：一所二流大学不会提供好的工作机会，没有好的工作也就无法提供富足的生活。据估计，2010年中国有大约三百万失业或未充分就业的大学毕业生。

余希，一位年轻的教授，是我所在的大学里的一名访问学者。她曾描述过家长们一场持续不断的辩论：一个学生是否应该放弃著名大学里招生过量的劣势专业，如英语专业，而选择一所不太著名的大学里的优势专业？她说爱面子往往会占据上风，家长们和学生往往会选择著名大学里就业不太好的专业，因为这样家长们和学生们便可以说，"我上的是某某大学"。

西方人很难理解东方社会这种保全面子的需求。在美国，"丢面子"可能会被描述为没有成功的尴尬或懊悔，也可能是羞愧。但是中国人的爱面子却是一种可以改变很多人生重大决定、始终存在的强制力。这甚至会让中国政府企图让中国教育更加以学生为中心以及更加吸引人的努力化为泡影，因为为了面子家长们会强迫老师提高学生应对考试的能力，其结果是一套陷入记忆漩涡的狭隘的课程。

"从一年级开始，全部的学校教育就是背诵。"一个教授说。小学和中学课堂上孩子们可以快速地回答老师们问题的原因就是他们已经记住了课本内容，并且知道如果他们要表现良好的话就必须课上的每一分钟都要聚精会神。西安一位美国籍教英语的老师不无惊讶地告诉我她的中国中学生们可以在上课前几周记住课堂会话。她说在匹兹堡，如果她的学生能够读下来当堂课的内容她就已经心满意足了。

那些声称希望自己孩子接受更加开放和更加具有创造力的教育的父母承认，这是不可能的事情。一位儿子在学前班大班上课的家

长周丹丹如此总结道："在所有的小学要求都很严格。如果你的孩子有点不同，他就会很难适应这种环境。所以你不得不教会孩子如何守规矩，为小学里的考试做好准备。"

一些中产阶级和富有的家长们找到的出路是让他们的孩子到国外接受本科教育以避开高考。他们只为海外大学或学院要求的考试（例如 TOEFL 和 SAT）而学习。现在，一些中国的著名学府还可以提供一年或两年的预科课程帮助学生通过这些考试。甚至一些企业也纷纷帮助他们申请这些西方大学——主要是美国或澳大利亚的高校。近年来在美国就读的中国本科生的数量开始急剧增加。2007年以前每年大约有 9000 人。而 2007 年的秋天，这个数字增加到16,000 人。国际教育协会的数据显示，2010 年这个数字已经上升到130,000 人，与 2007 年相比是一个巨大的提升。

由于在美国教育中标准化考试占了上风，学校——特别是小学——在逐步丧失那些鼓励学生独立和协作思考、讨论、实地考察、艺术学习以及对各种科目进行实质性研究等可以增强孩子们阅读能力和数学能力的项目。它们都在一步一步地被单调的机械化训练和考试练习所取代。此时，从中国应试教育的失败中吸取教训不失为一个明智的选择。

第六章

语文教学的巨大差异

"李佳，请朗读新的汉字与短语。"王老师对她二年级的学生说道。

中国语言课老师在在教室前的讲台上来回地踱着步，扫视着坐在没有靠背的木质长凳上的学生们。我和我的研究助手邱伟一起坐在孩子后面的小凳子上。这是 1996 年，我和邱伟来到了南京小学，邱伟 20 年前读过的学校。

女孩站起来说："sheng，省，安徽省。"孩子们正在学习一篇关于一座名山的课文，新学到的汉字就包括"省"和"安徽省"。

"你读得非常好。"老师告诉大家。

"请你也来读一下。"王老师叫另一名同学来回答。

"sheng，省，安徽省，安徽省。"学生大声朗读。节奏不断加快，精神更加饱满。

"我们在哪个省？"

"江苏省。"55 个孩子齐声说。随着课程的进行，他们学习着一篇关于中国南方一个美丽地方的文章。当老师指着贴在黑板上与学生课本中图片一样的安徽省的这座名山时，孩子们就齐声朗读这个新学的词语。

课程安排合理，时间精确，学生注意力也高度集中。我在笔记中写道，这种形式与美国课堂所具有的时间弹性和非正式性截然不同。

"黄山为什么有名？"老师问道。

在举起右手的学生中，王老师让孙娜来回答。

"温泉、奇石、迎客松，还有……"孙娜答道。

在孙娜迟疑时，王老师打断了她的思考，示意坐下："你最好能完整地回答这个问题。同时，你说话的声音也非常低。谁愿意大声地回答刚才的问题？"

更多的学生举起了手想回答这个问题。老师示意了一下陈超，他从座位上站起来，大声地给出了答案。

看到这一幕，我认为女孩受到了很大的羞辱！作为一名西方小学教师，我一直努力创造一种积极的学习氛围，而这位王老师对女孩的批评让我感到很不自在。因为我习惯于用更加委婉的方式来纠正学生的错误，这样他们才能在学习的时候更有自信。

我向身旁的邱伟询问，老师这种直接的批评会不会使学生很不安？

而邱伟却告诉我说，这没什么大不了的，这种形式的锻炼很有重要，只有这样学生才能更好地说话、朗读。

这堂课程结束后，我和邱伟走过大厅来到一年级的语言艺术课堂。这节课的内容是关于一个好奇的男孩明明。明明打算在草丛里捉蛐蛐时，被好朋友及时劝阻，因而上学才没有迟到。该课程老师和前次课的二年级老师的教法相同，对文中故事进行了详细的解释，并侧重于对新的重点词汇的学习。四十分钟的课程进行到一半时，一个三分钟的歌唱休息时间使老师暂停了下来，随后学生开始学习如何书写中国汉字，以一段需要记住的小口诀作为开场：

身体离桌一拳距，

眼睛离书 30 厘米，

指距笔端 3 厘米，

保护视力很重要。

在我看来，即使是这段简短的口诀都在极力强调精准与专心。

孩子们开始在纸上描摹新学的中国方块字。此时老师则在黑板上画了三个大小刚好的田字格，并挑选了三名学生在田字格里写下今天所学的新汉字，同时要求他们在写的时候尽量保证平稳、准确。其他同学则将同伴写好的汉字与课本中的的示范汉字进行对比。

老师指着黑板上其中一个田字格说："现在大家看一看赵玉写的'追'。田佳，你认为这个字写得怎么样？"

田佳站起来，用清脆的声音答道："这个汉字写的并不好。"

"为什么不好？"

"因这个汉字应该是方形的，但他的字成矩形了。"田佳说。

"回答得很好！大家看，赵宇的这一笔画写得很不错，但另一笔画却并不好，这笔应该是这样来写。"说着，老师拿起一只红色粉笔更正了一下。

"这样可以了吗？这两部分挨得太紧了。"老师又在字上面加了一横线，"现在这个字看起来就方正了。这一笔应该在田字格的中间。赵玉同学，下次你在写这个字的时候一定要注意这些细节。"

近二十分钟的时间里，老师和学生们不断检查和更正汉字的每个细节，区别相似汉字的不同之处。我无法想象美国小学生能够像中国学生一样不仅能够专注于每个细节，并能轻松地接受批评。

下课铃响起，学生将课本放在书桌里，拿出接下来要上的课程课本。向老师表达谢意后，我和邱伟走出教室，朝校长办公室走去。涌出教室的孩子围在我们周围，教室外其他的孩子则有的在跳皮筋，有的在小水泥台上打乒乓球，这同美国学校操场上的场景一样。

那天晚上我回到旅馆狭小昏暗的房间，仔细思考我所旁听的课程。在美国，从密西西比的圣路易斯、到加利福尼亚州的帕萨迪纳，我几乎在所有的小学年纪都从事过教学工作。其间，我花了相当多的精力来研究孩子如何学习语言，尤其是语言的书写。

我不断来到中国，因为我很好奇——中国的语言书写与西方的完全迥异，中国教育体系仍延续着着几千年来相似的教学策略，而这些又是如何影响中国孩子的学习的呢。此外，中国孩子，甚至年龄很小的孩子，对细节、精准、快节奏的重复与背诵的专注也令我深受触动。这种专注尤其体现在学习日后构成其语言基石的中国汉字的时候。

我试着想象远在大洋彼岸的帕萨迪纳市我的一年级课程。那里所有的一切与中国相比是如此地不同。我想这种巨大不同的原因应该是与两国间不同的语言构成有很大关系。

我可以想象活跃的丹尼尔俯身在一张纸上，她那七岁的小手握着一支大大的蓝色铅笔，嘴里说着她写的每一个单词："Ssss, ssss, ssss。Uh, uh ,uh。En, Ennnnn。"写完后，挺直身子，欣赏她那大大的、歪曲的字母。"Sssssuuunnn, Sun。"读完后，她又俯身进行下一个单词的学习。美国课堂里对学生所要求的专心与我所看到的中国学校对孩子的要求有着极大的不同。我教学生语音规则，但在教授构成单词方面却花很少的时间。中国的孩子被告知每个汉字的详细构成以及如何书写它的每一笔画，而对包含在汉字中的模糊的语音提示却只花费极少的时间学习。

我不仅鼓励我的一年级学生去独立书写、运用教室里的单词表，同时也鼓励在他们不知道正确单词的情况下能够创造性地自己去拼

写。当想到他们尝试拼写出的单词时，我感到高兴和有趣。刚在学校度过第一年的金佰利对她姐姐参加的钢琴演奏会非常着迷，她这样写道："We went to a residol . Ter wur a lot uv pepol. Sum plad the pano, sum dedet. They sat down. The End.（我们参加了一个钢琴演奏会。那有很多人。有的在弹钢琴，有的在讨论。他们坐下了。写完了。）"在拥挤的教室里，金佰利挤在一个角落像一名专业的作家一样专注于她自己的工作。在她不知道拼写规律的情况下，创造力就占据了主导地位。字母的发音取代了更加复杂的元音结构，例如，plad（play）中的"a"。此外，她还以单词的读音方式进行拼写，如，uv（of）、wur（were）、sum（some）。随着年龄的增长，她学习到更多的关于单词系统的运行原理，并成为了一名书写流利的年轻作家。由于她在书写时将课堂上学习的技巧与自己创造性的拼写相结合，并在鼓励下能够自由地表达自己的想法，因而在短短的几个月中，她变得越来越自信。

我的三十个学生簇拥在课桌周围，利用部分时间自己独立"工作"。我和我的助教在教授其中一组的阅读课程。我们让其他小组的学生独立完成接下来的部分。当他们完成了所要求的任务后，我鼓励孩子们阅读一些课堂图书馆的书籍，以便利用书中给出的方法增强自己阅读和写作的技巧，并最终能够实现自由的写作。学生的这种独立性是可以实现的，主要是源于他们学会了"试探"单词，并且用其他的方式独自找出单词发音。而中国的汉字却不能这样。

通常，在开始学习入门课的时候我都是让学生大声地读出单词。初学的一年级学生所学的都是一些简单的单词，如 cat、mat、sun、had、am、the、they、all、in、see、me、tree。当他们读得有些结巴的时候，如 tree，我就指着其中的每个字母，他们发出相应的读音，随后将每个字母的读音连接在一起构成整个单词的发音。学生们并不需要对构成单词的细节方面过多注意，但他们基本不会将这些单词混淆。

在 1996 年来中国之前，我曾为新任教师做了一堂关于单词以"ent"结尾的"ent"单词家族的示范课。课程的目的是帮助强化学生所学到的发声，向他们展示单词的构成样式进而能够增强他们对单词的识别能力和朗读的流利度。

当我指向字母的时候，孩子们开始朗读："Eh, en , te。"

将这些字母组合起来，他们读"ent"。

我问道："哪些单词是以 ent 结尾的？"

"Went。"罗西欧答道。

"Spent。"，另一个同学说。我将他们所说的一一写出来。

"Tent。"

我把这个写下来。

"Bent。"斯蒂芬妮说道。

"Cent。"约瑟说，"Cent 是钱的意思。"说完，他露出腼腆的微笑。

"约瑟，这个单词怎么拼写呢？"，我问。

"S-e-n-t。"约瑟回答道。因为孩子们还没有学到字母"C"能够有"软硬"不同的两种读音，所以我不会直接纠正。而约瑟作为一个朗读者也因自己的大胆回答而获得了自信。我将"sent"和"cent"写在自己制作的卡片上，并在"cent"后面做了一个"一分"的标识，这样孩子们就知道其中的不同。然后我将这些卡片放在卡

片盒子里以便将来可以使用。随后我继续查找"ent"的单词作为学生们的课外作业，然后开始讲句子的结构。

我将橡皮放在一个翻过来的盖子里，然后问学生橡皮放于何处。

"在盖子下面。"约瑟答道。这次他的信心又得到了提升。

"约瑟，你说得太对了。"

接着，我把自己的手放在桌子下面，问学生我的手在哪里。

"在桌底下。"罗克珊回答道。

"铅笔在哪里呢？"学生们指向了桌子旁边的笔筒。

"请告诉我。"

马略尔举起手回答道："铅笔在笔筒里。"

我确信每位学生都参与回答了问题，然后我就拿出一个写着"Where is the _____?（_____ 在哪里？）"的字板，向他们解释说接下来的作业就是大家能够在课桌上用不同的词条独立完整地回答黑板上的问题。同时补充道，如果大家想自问自答的话，也可以尝试一下。

这种开放式的课堂与中国课堂最大的不同就是，中国的课堂一直专注于对细节的重复和精确。我暗示学生们站起来，将椅子推进课桌里，以便能够加入讨论组。孩子们穿梭于不同的小组，用很长的时间来搜集资料。但当我提示需要抓紧的时候，他们都已经为下一课程做准备了。

一位来自中国名叫高谦的老师在访问了洛杉矶小学后，对其在中国读五年级的儿子的课与美国课堂之间存在的巨大不同而感到震惊。

他说："美国的孩子有时间来休息和思考。在中国，我的儿子和其他所有学生一样从读一年级开始就必须在 40 分钟的课堂上打起精神，一分钟都不能走神。我们的孩子在课堂上的投入是难以想象的。同时他们自己也不会允许自己在课堂上走神。每天晚上，孩子们会仔细地复习课文以及所学汉字的每一个细节并记住它们。因为只有这样他们才能够做好准备回答老师连珠炮式的问题。"高先生说这些事时有点激动，对他孩子所承受的压力感到有点沮丧。

　　语言本身似乎决定了我们的教学模式。美国一年级的学生需要学习 26 个字母以及他们的多种发音。但一旦学生们对其有一定的掌握后，他们就能想出单词，同时也知道如何对给出的单词进行分解并理解其含义。比如，如果他们知道了"s"，"a"和"t"的发音，他们就极有可能将这几个发音进行组合，拼写出"sat"。不同的是，中国学生必须学会复杂的视觉图形，记住其中的细节，这样才能进行拼读。比如，如果他们没有没有记住"苹果"这个词组，那么他们几乎不可能对其进行拆分来拼读。

　　早期来到中国的时候，我和一名本科毕业生与徐建元聊了很多。徐曾经是我的研究同事，在师范学校做英语老师。尽管他从没有这么说过，但我可以肯定的是，对于我们外国人就中国语言了解得少之又少，他感到非常的惊讶。一缕头发顺在额头上，谦虚并面带有准备的微笑，徐老师开始了我们的谈话。他介绍了中国汉字是如何构成的和怎样来教授这些汉字。每次当我们认为已经明白的时候，实际上，我们都想错了。难道一个汉字不是和一个单词一样吗？在中国汉字没有提示性的图片吗？为什么当我们开始读一本书的时候，开始的汉字不能像简单的图片那样？怎么样来学习这些汉字？为什么不能读出这些汉字？

慢慢地我们开始理解。每一个中国汉字所包含的内容比我们美国的26个字母都要多得多。为此，要了解一个汉字就需集中精力。漏掉了一横，或者一撇，即使是一个点，这个小小的细节就会改变汉字的意思。一些汉字之间的区别有时仅仅是一两笔，例如"今"和"令"。想想一个英语字母怎么样才会改变一个单词的意思呢。例如，把"s"加到"desert"里面，就变成了"dessert"。但是，在汉语中却不是这样。一个汉字由五、十、甚至多达十五条线构成，这些线就称之为笔画。

汉字并不像英语那样在字与字之间存在语音符号关系，也不存在拼读发音。每个汉字必须看到就能理解，这样你才能知道这个汉字是什么意思，否则，你就不认识。对西方人的头脑而言，这些内容无疑是一个非常复杂的概念。除此之外，每个汉字都必须记在脑子里。所以，我不断地提醒自己，这里没有字母，只含有一些模糊的语音提示。因为没有字母，所以你就无法"拼出"汉字。你不能（靠语音）读出汉字。任何时候这都是不可能的事情。

通过旁听中国几个城市的课程后，使我对上述的想法有了更深刻的印象。认识徐老师（徐建元）一年后，我从上海坐了近5个小时的火车到了工业城市——徐州。一方面是收集论文数据，另一方面也旁听下这里的小学课程。我和徐老师坐在不是很大的一年级小班里。

黑板上写有六个汉字，老师指向其中的一个。

"jīn(今)。"女老师指着第一个汉字说。

"jīn(今)。"教室里的60名一年级学生跟读着。

"dào(到)。"老师指着第二个汉字。

"dào(到)。"学生们提高了声音，大声地重复老师的话。

"注意这个字的笔画，你们能看出什么？"老师问完后，大家开始举手。

"张倩，你来回答。"

这种一问一答的方式和节奏正在逐步形成：老师，学生；老师，60 名学生；老师，学生。随着这种方式的进行，通过对汉字的拆分、组合，进而找到相似的部分并关注新笔画的组合。

"现在请大家练习。"老师说。孩子们在他们的椅子上稍微移动了下，然后一起用手指在空中开始比划，同时读出每个汉字的笔画——竖、横折、横、横、竖弯钩。他们读出的声音和强有力的手指移动都在强调课堂上所教授的所有笔画都必须按照一定顺序和正确的方向书写——从上到下，从左到右，从里到外。

徐老师告诉我："老师教授孩子学习一个汉字和它的构成需要5 分钟的时间。"

我几乎是用怀疑的语气问："每个汉字需要教授 5 分钟？！"

"学生们须知道这个汉字的所有笔画、每一笔画的书写顺序、怎样让汉字在田字格中写得方方正正，以及这个汉字和其他汉字有哪些易混淆的地方。"徐老师向我做着解释。

课程快结束时，课堂任课老师制止了出现的不和谐的声音，指导 6 岁的孩子们学习汉字的偏旁部首。这些偏旁部首就有点相当于英语中单词的词根功能。例如，有些汉字是由"水"字旁构成，而一些昆虫的名字包含了"虫"字旁。任课老师将黑板上有这些偏旁部首的三个汉字用紫红色的粉笔标注出来。同时，该老师告诉孩子们用自己的眼睛去学习，将可识别的部分在自己的课本中标识出来。

随后，她又在黑板上写出了几个相似的汉字，将几处易混淆的笔画用彩色粉笔标出来，提示大家汉字与汉字的不同有时仅仅是一笔或两笔这样的小小区别。接下来，老师让孩子们大声地朗读课本中一个四句话的故事，并强调留意新的汉字。孩子们读得兴趣盎然。但令我吃惊的是这些一年级的孩子只能阅读简短的故事，而美国同龄的孩子已经能够阅读几页的文章了。

在 1989-1990 年的冬天，我来到了中国。起初是学习有关 3 至 4 岁孩子在写作方面的内容，也就是我称之为的"构思"，并将其与美国孩子的"构思"做一对比。我想知道，在这些小孩能够接受明确的教育之前，他们是怎么样吸收有关写作方面的知识的。这种对比是不同寻常的。在龙山幼儿园我所见到的第一个孩子在这方面的表现让我和他的老师有些着迷。

我当年的翻译兼研究助手陈伟力向助教刘女士介绍了一下授课流程。因为刘女士与孩子熟悉，所以由她来与孩子们完成这项内容。我希望孩子们能够试着给他们的阿姨或者父母写一封信。我们知道孩子们可能不会写什么字，但我们想看到的是当他们被这样要求时会怎么做。

刘女士穿了一件很保暖的米色毛衣，头发则用发夹梳在了后面。她给孩子发了一页纸，并让孩子选了一支铅笔。

"我一个字儿都不认识。"孩子说，黑色的眼睛看着老师，咬着嘴唇略显紧张。

"那就假装写些什么吧。"老师和蔼地说道。男孩拿起小铅笔，厚重的棉衣夹克压在桌子上。他画了一条小细线。我几乎看不见这条细线。刘女士弯腰凑到他跟前，对他说了些鼓励的话。他又画了另外一条细线，抬起头看着刘女士。刘女士鼓励他继续画下去。接着，他画了几条连接着的线，之后又停了下来，在椅子上向前挪了挪。他开始全神贯注于"写"，我们也被他那小细线构成的网格所吸引。

一分钟后，他放下笔，抬头看了看刘女生。刘女士和蔼地告诉他可以回去了。他从椅子上滑下来，摇摆着穿过教室，走向来之前的教室。同时另一名学生过来继续"写"。在近一个小时的实验中，有些学生"写"的时间长些，也有的几乎什么也没有"写"出来。之后我再次来到中国，收集了2至3岁孩子之前"写"出来的一百份样本作为我的论文数据。但在龙山学校的第一次实验性调查中，我就已经知道我所要寻找的东西了。那就是几乎所有的幼儿都在一张纸的很小一部分上写了很短的有角度的线条。

我从美国几个地区所收集的学龄前儿童的写作构思样品则有很大的不同。位于北卡罗来纳州勒诺地区的一个宽敞的幼儿园，一个略带腼腆但很精力旺盛的两岁半小女孩，将她的椅子拉过来，坐在了我的后面。

"嗨，你好，你知道怎么写字吗？"我问道。她看了看我，狡黠地笑了下，用手抚平了在衬衫上的褶皱。

"你看过你父亲或者母亲写过的东西吗？"我说完后，她又是一个微笑，坐在椅子上向前倾了倾。

"我见过我妈妈写的东西。"她温柔地说。

我给了她一张纸，问她："你能给他人写封信吗？或者你能试着写一些东西吗？"

"我不知道怎么写啊！"她说。我笑了笑，想到中国的孩子也说过同样的话。

"没关系的，"我说，"只要试着去写就可以的。"然后她选了一支细短的铅笔。

她很仔细地画了一条线后停了下来，看着这条线。随后，不紧不慢地又画了另一条线。她移了移手指，向下握了握铅笔，开始不断地画圈，一个接着一个地。看看自己画的内容，她又在纸的空白处画了一些圈。完成后，她交给了我，溜下椅子重新和她的同学坐在了一起。

在中国和美国读幼儿园的孩子们的区别是明显的。尽管存在孩子与孩子间的不同，但美国的孩子所写的内容没有一个像中国孩子那样小并且细致。一些美国的三岁孩子能写出一个或者两个歪歪扭扭的字母，并告诉我这就是他们的名字。同样，一些中国的孩子也曾在汉字上做过这一尝试。但一般而言，美国幼儿园的孩子是在纸上做出大的标记，并且将整页纸都利用满。(见图 6.1)

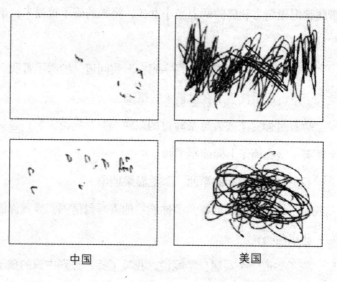

中国　　　　　　　　　　美国

图 6.1　中美两国 3 岁孩子典型作品

很显然，孩子们在进入学校之前就已经吸收了他们自己国家书写系统的元素。在中美两个国家，孩子们被写作材料所包围——贴在商店上、公交上、电话上的标识，父母阅读的信件标志，父母做的笔记以及书写的文字信息等。从出生开始，中国孩子就被一系列复杂的笔画所包围，而美国的孩子则被相当简单的形状所包围。在学龄前和幼儿园阶段，这种情况被老师和课本的内容进一步强化。

在一年级或者二年级的时候，这种模式被清晰地固定了下来。为了学习他们自己独特的语言和复杂的汉字，中国孩子需要注意众多的细节内容，这令美国人无法想象；而美国孩子只需学习发音规则和如何独立地运用这些发音规则，这对中国人来说也是不可思议的。在每个国家，其语言的教学方式需依其自身语言的特点而定，这就直接影响着我们的教学方式。

是的，其他的驱动因素也在起着作用——社会与自然环境、历史发展进程。但我们的书写系统已经如此深深地植根于我们的生活之中，以至于对我们所看的、所做的以及孩子所能注意到的都产生了深刻的影响。

卡里·瓦林斯基 在 1999 年《国家地理》上发表的关于书面语交际的演化的文章中写到："书写是历史的女仆，是思想与心灵的记录，是人类最意义深远的创作。其形式与构思永无止境。"这描述得多么真实！书写对人类历史的影响多么久远！

第七章

教室环境与课堂纪律

在美国，小学教室里的课桌都是摆放在一起的，这样便于学生们共同合作。此外，教室的墙壁也变成了教学空间，被学习资料和学生的作品所覆盖。任课教师也在教室里走动，通常会与一个小组一起交流探讨，而其他组的同学则独自学习。但在美国中学的课堂上，以老师为中心的教学形式就比较多了一些。然而在低年级已经养成了的学习方式依旧影响着老师和学生间的互动，相互协作很常见，尤其是在完成一些方案项目上。

在中国，从上学开始，学生就需要面向讲台坐得笔直。老师则在讲台上授课，并保持一个可控的不间断的对话模式。尽管一些中国学校开始引入小组合作模式，但那只是精心策划的而已。总之，在中国的课堂上不存在可能使孩子走神的任何时间的停顿或间隙。中美两国的课堂环境可以说是两个截然不同的世界，这些差异深深地影响着孩子的行为、注意力和学习方式。当我回顾对旁听的中国课堂所做的观察记录的时候，我就能稍加明白。他们的旁白是这样的：

"没有时间做不当的行为。"

"快速地节奏使得学生没有时间分心。"

"确保任何时间学生精神高度集中。"

"在上课期间不允许任何人走神。"

这一点都不像我自己的课堂，在我课上，我有时会停下来检查以确保每一名学生都拿到了正确的学习资料，或者去询问一名学生脚踝上的伤是否已经好转。此外，我的课程会经常被来自校办的电话而中断，或者由于其他老师过来询问问题或借学习材料等情况而被迫终止。

中国的课堂如同彩排好的一样。在小学或者初中近40分钟的课堂上，老师不会放过每一秒钟。这里不会出现为告诉一名学生去领取资料而从办公室打来的电话，抑或是为登记午餐而有人出现造成课程暂停的情况。同样，课堂里也没有讨论，也没有老师对学生提出的离题问题进行解答的情形，尽管这些离题的问题对学生来说极为重要。

我曾经参观过安徽省一处偏远地区的小学课堂。这里的一堂四年级语文课程是一堂典型的一直由老师掌握节奏的课程。虽然这里与我所观察过的城市内课堂的快节奏不同，它仍旧保持着一种潜在的毫不松懈的进程。

学生们坐在阳光明媚的教室里，教室有些拥挤，墙壁是光秃秃的。郭老师迈步走进教室，向学生致意。他三十出头，步伐悠闲。尽管我和我的研究同事（郭老师曾经的中学老师）在观察着他，他的表情依旧很平静。郭老师通过操作金属盒子里的视频显示器（这是学校唯一的一个）播放了一段含有鸟、羊、猫和狗的录音来作为课本的补充材料。随后，他问学生这些声音能让他们想到什么。接着他示意坐在课堂中间的一个学生来回答。

男孩站了起来，答道："乡村风景。"

老师又指向了另外一名学生，问道："你对乡村风景有什么感受？"

"它使我感到很清新，更加贴近自然。"学生说。

随后，老师迅速地带领学生进入到接下来几天都将学习的关于乡村生活的课文中，同时在黑板上写下了"清新"这个词，要求学生在课文中找到与之相似的两个形容词。

"同学们，请打开课本，快速地找到这个两个形容词。一段一

段地读，快点儿找。"十岁的孩子们迅速翻阅课本以求快速地找到这两个词。随后有几只小手举了起来。

"宋子豪，你是第一个找到的人。"

"课文用了'独特'和'迷人'这两个词。"宋子豪说。

"'独特'和'迷人'。"郭老师在讲台上踱着步，嘴里重复着两个词，年轻的脸上露出和善的表情，"你告诉大家，你是在哪里找到的。"

"第七段。"

"很好。'独特'和'迷人'在第七自然段，你们都找到了吗？"

"是的。"

应着学生们的回答，郭老师在黑板上写下了这几个字，然后抖了抖落在他棕色条绒夹克上的粉笔灰。

"请读这个句子。"

55名学生大声地读着："对于农村家庭，无论何时，无论哪个季节，这里都有独特、迷人的景色。"

"'独特'意味着与众不同，那么，'迷人'的意思是……"老师略加停顿，等待着学生来接他的话。

"……美丽的。"

"但是，在这句话中，作者在'独特'和'迷人'之前还用了一个词。"

"无论。"学生们齐声说。

"无论。请大家读这两个句子。"

学生们大声地读着："无论何时，无论哪个季节。"

"现在你们明白什么是'无论何时'的意思吗？"郭老师指向

了坐在后排的一个男孩，"朱硕，你来回答。"

"它的意思就是'无论是在春天、夏天、秋天或者冬天'。"孩子答道。

"如果第一个'无论'*的意思是指'无论是在春天、夏天、秋天或者冬天'，那么接下来的那个'无论'是什么意思？"

"它的意思是'不管在哪个季节'。"几个学生说。尽管这个主旨性的问题变得有些复杂，以致学生们在回答上也出现了犹豫，但老师还是牢牢地控制着课程的节奏。

"但是接下来的'无论何时'是什么意思呢？"这个问题不断地重复着，回答着。老师试图通过循序渐进的方法来提取这仅有的几句话的含义，这种方式也在不断地被强化。当老师对多数人就其中意思的理解满意后，他就加快了课程的进度，同时告诉学生们如何有效地阅读课文进而能够更好地理解文章内容。学生们坐在高高的木制的椅子上，以他们自己的速度大声地读着仅有两页纸的课文。老师要求他们第一次朗读要注意课文中字与字的意思，第二次则要注意课文中字与字所赋予的情感。

在中国，我观察到在许多课堂上授课速度从未有过放慢的情况。那是一种典型的以教师为中心、学生被动参与的课堂。目前中国的国家课程标准要求从以教师为核心的模式向以学生为主的模式转变，并引入小组学习，将学习材料与学生生活相联系，等等。这种改变也在逐步增多。尽管一些具有改革精神的学校已经引入小组学习模式，但其教学进程仍旧很快，老师在课堂上也依旧拥有高度控制权。

中国一个城镇学校的二年级语文课，班里的人数比平常教室里

的人数略少，只有 32 名学生。老师步入课堂，向学生点了点头，学生们则站起来向老师致敬，然后迅速坐下、打开课本，一堂课就这样开始了。老师用投影仪将新的词汇投射在教室前面的大屏幕上。这些词汇都是关于动物的名称。学生们大声朗读以求熟悉。随后，老师指示学生们组成四个小组。组合时间仅用几秒钟，因为学生都是两两坐在一起，坐在前面的两个人仅仅是把头转向后面就可以完成小组的构建。小组形成后，每个孩子从一个罐子里拿出一个指定颜色的纸贴，纸贴有蓝色、绿色、红色或黄色。这堂课就是练习标准汉字读法。随后发生的事，让我见识了中国老师给学生们安排的无比详细的分工。

"每个小组的学生请遵循从绿色到红色的顺序，"老师说道，"每个小组中拿绿色纸贴的学生将为小组其他人指出前鼻音和后鼻音之间的区别。注意，是那个拿绿色纸贴的学生来为每个人指出前鼻音和后鼻音之间的区别。然后，拿黄色纸贴的同学来提醒大家是翘舌音还是平舌音。拿蓝色纸贴的同学请提醒大家是鼻音还是边音。所有拿红色纸贴的同学，你们是最棒的。我想邀请你们作为我们的小老师，领着大家读，每个字读两遍。"

我随后认识到，这些颜色纸贴代表的是学生认识词汇的基本能力，绿色代表最强，红色表示最弱。

"我们开始吧，声音不要太大。开始！"

有一分钟的时间，八个组的学生轮流完成了自己的任务。之后，老师用了一个极为熟悉的方式——给整个班级重复这些词汇——将学生的注意吸引到了讲台上。

"首先，我想让持绿色纸贴的同学作为小老师来给同学们教课。

林雨晴。"老师叫了一名穿着蓝绿色夹克的高个子女孩来讲课。

林雨晴站了起来，大声读："大象（dàxiàng）的结尾是一个 g，请跟我读，大象。"

全体同学回应："大象，大象。"

林雨晴接着读："仙（xiān），'仙鹤'的'仙'，它的结尾没有 g。请跟我读，仙鹤。"

"仙鹤，仙鹤。"

"孔 (kǒng)，'孔雀'的'孔'是以 g 结尾的。请跟我读，孔雀。"

"孔雀，孔雀。"

学生们一个接一个地轮流"讲课"。几轮之后，老师让每个人回到自己的座位，恢复传统的课堂形式。这种小组模式，没有时间像美国课堂小组一样移动椅子或分配角色，没有时间开小差，学生也无需做什么决策。小组学习准确地说持续了 6 分钟的时间。而学生也仅仅是遵照老师精确的指示进行活动。在这一过程中学生们没有任何的信息输入。

而在中国的初中和高中，由于老师和学生为准备考试而耗费大量时间，小组讨论和其他以学生为中心的学习方式就几乎不复存在了。王兴业是广州市一所著名学校的的历史老师。他这样总结他们的教学风格："我利用课堂上的每一分钟竭尽全力地向我的学生讲述我所知道的任何历史内容。而学生的任务就是做好笔记并且将这些内容记在脑子里。"

在美国的课堂上，老师偶尔给高年级学生做讲座，学生则会坐在课堂里安静地听。但大多数时候是老师与学生采用问答的互动模式。这远不及中国课堂正式。中国老师寻找的是准确的回答，而美

国老师一般是在小组中收集不同的答案，尽管有时是一堂需要精准答案的技术型课程。例如，举出"愤怒"（furious）的同义词，或者是为"加剧"（aggravate）这样的单词给出一个具体的例子。对于这样的问题，美国老师和学生会进行反反复复的讨论，而且要比中国课堂随意得多。

当美国老师和学生共同协作时，老师会不断穿梭于教室之中，与学生打成一片。在洛杉矶南部一所很具规模的学校课堂上，我见到一位给人印象深刻的莫兰老师。她打开投影仪在屏幕上展示了一组问题。随后，她走到教室的旁边，让学生来回答这些问题。她有时会站在学生旁边，有时会向学生打手势示意，以鼓励他们积极参与到这些问题的回答中。课程结束的时候，莫兰老师则坐在教室后面的空桌子上，而学生仍旧接着回答教室前面大屏幕上的问题。尽管一堂美国课堂的焦点或重心对一名访问者来说并不是那么明显，且这重心也在不停地变化，但学生明白老师所希望的重心在哪里——有时集中在学生的讨论和回答上，有时集中在大屏幕上，有时又聚焦在老师身上。老师通过不时的走动和多样的沟通技巧让学生有意识地参与进去。而在中国，课堂的重心往往是集中在老师的身上。

在美国，老师允许学生在课堂上走动。学生可以随意加入任何小组、与搭档一起合作，甚至可以分发材料。小学生则去学习中心收集材料或者去那里完成作业；也会坐在地板上做着与课程相关的游戏或查阅有关的书籍；或者加入老师的小型课堂；抑或穿过大厅，与另外一个学生去休息室休息。中学生都是小组协作或与搭档合作，包括一起从其他的院系寻找资源搜集材料。老师会教授学生们课堂的纪律，如果有必要的话会提醒学生们注意行为规范。

在洛杉矶中部一所拥挤小学里，一堂典型的四年级课程上，课堂氛围很随意，但目的性却很强。哈蒙德老师和一组学生一起坐在地毯上，打开课本讲述关于人与人如何沟通的故事。教室中其他的学生有的和搭档一同书写着本月的作业主题——交流；有的则沿着墙壁的书架寻找相关书籍；而有的则在自己的课桌上完成自己的作业。

在哈蒙德老师与两个小组在一起读了指导性文字之后，他让所有的同学回到自己的座位上安静地完成学校的短文测试题。随后，有三、四组的学生研究了一个关于移民群体的长期课题，其中涉及到影响移民群体定居的有关法律法案。学生们采用头脑风暴法提出去哪里搜集信息及每个人具体的工作安排。在学生们研究这个项目、每一组都在讨论一个不同的族群——俄国人、墨西哥人、菲律宾人、韩国人、危地马拉人和中国人——的时候，老师提出了一些供参考的问题。学生们是从加利福尼亚的一大串族群名单中选出上述几个族群，因为他们认为在自己的生活环境中这些族群很重要。哈蒙德老师则穿梭于不同的小组，给学生提建议，提醒他们要集中于项目的重点，并提出一些问题。在哈蒙德的课堂上，学生们都知道自己需要做什么。当哈蒙德在给一个小组做指导的时候，他会留心其他的小组以确保学生做自己该做的事。而对于这点，学生们也都很清楚。

美国的课堂上，每个学生可以随意进出——去听一个关于学习障碍或语言治疗的特殊指导课的演讲；去图书馆查阅有关某个主题的资料；去厕所；或者参加乐队的练习活动。他们时不时地中止或重新进入课程，有时会错过一些课程内容，有时会赶紧赶上进度。

所有的这些情景在中国的课堂里是绝对不会发生的。在中国的课堂上，老师一直站在教室的最前面。下课的时候，老师则回到办公室或者去另一个课堂。偶尔，学校会尝试以学生为中心的做法，可能会让学生用几分钟组成小组来表演以课文为剧本的一个小话剧，或者让一名同学走到教室前面操作电脑来选择投影在大屏幕上的答案。除此之外，学生必须要原地不动地坐着，去洗手间也只能等下课之后。

在给中国大学和教师所作的关于美国教育的报告中，我向在座的人展示了很多典型美国课堂场景的照片。照片包括不同年级的学生在小组中一起协作，孩子们坐在地板上聆听特邀嘉宾的演讲，以及老师和中学生一起在实验室里讨论一个化学实验。我第一次展示的时候，多数听众来自延安大学。第一张图片显示学生们围着课桌一起协作，其中一个小组就在老师旁边的。这张图片一出现，400名大学生就发出了惊讶的声音。我知道这些学生围在课桌边一起协作的照片触动了中国听众，随后他们提问："给孩子们有这么多自由，难道他们就不会胡作非为吗？"因为中国老师从不坐下来和学生协作，这就成了很奇怪的事。

我向听众解释，美国老师会严格维持课堂纪律，同时也会和他的学生建立起一种朋友关系。我给听众介绍了在加利福尼亚北部一名三年级老师通过使用图表的方式来帮助学生在课堂上保持适度音量的情况。这个图表上有十个刻度，很方便孩子理解。一个刻度表示的是人们呼吸的声音；两个是说悄悄话时的声音；四、五、六代表的是接近工作时的声音；七则表示在课堂活动中一个可以接受的音量；八就接近"危险"情况了。当孩子们非常吵的时候，老师就会指向在图表上的相应音量水平。这样做，不需要老师说，孩子们就知道了。

但是，这种随意性与中国所珍视的价值观——纪律性——是背道而驰的。长期以来中国儒家思想一直包含着对教育的重视和尊重，这种思想在学生们高度重视学校纪律方面影响很大。中国课堂授课方式和课程节奏没有时间让学生能够开小差。在美国，许多刚刚从事教学工作、甚至一些有一定经验的老师都会相当吃力地去避免学生对同学和老师无礼、在课堂上给朋友发短信，并让学生尽量将注意力集中在学习上。这的确是一个持久的挑战。此外，与中国不同，美国课堂鼓励学生思考并以不同的方式表达自己的观点和见解。在中国，如果没有得到允许，学生是不能自主回答问题的，也不会向老师提出建议。甚至一名二年级的孩子向老师提出是否可以再讲一个故事的情形也不会有。这里能够出现的就是老师走进教室、与学生打招呼、然后开始快节奏的课程。

在美国，当孩子们处于自主学习的状态时，他们并不会变得不乖。最近几年，随着对成绩测验高分数要求的加强，美国小学课堂已经变得更加正式，课程设置也变得死板。在一些街区，十年来，小学阅读和数学课程的讲授被教材上的主题牢牢控制，而这些教材则由商业教材公司提供。富有经验的老师认为新的课堂死气沉沉，且课程对老师丰富教学经验的忽视也使老师们觉得很沮丧。

由于要为标准化考试做准备，一位老师被砍掉了许多课程，她抱怨说："我们正成为机器人，孩子们都觉得无聊。"她接着补充道："课堂上再没有时间来鼓励他们对问题进行深入思考。你曾经能看到他们对学习的喜爱和热情，而现在当你告诉他们需要准备另

外一次测试的时候，你会看到孩子们的热情消逝得无影无踪。"此外，令人厌烦的课程也产生了纪律问题。相反，当老师让学生自己动手做科学小实验时，所存在的纪律问题会明显好转。加利福尼亚州帕萨迪纳市的前学区校长詹妮弗说："即使是那些最有可能捣蛋的学生也很渴望做科学实验，此时他们能够控制自己的冲动而不是错过这么一堂自己喜欢的课程。"

尽管对应试型课程设计多有责难，但与我在中国课堂所见的相比，美国学生在提问、评论和在教室里走动方面仍有很多的自由。

自 20 世纪 90 年代第一次来中国，我就已经强烈地意识到中国学生从一年级开始就准备着随时来回答老师提出的问题。每次我来中国，美国老师都会让我去找出中国老师是如何培养出注意力如此集中的学生的。我已经发现，在中美两国，学校的纪律模式很早就形成了，甚至对那些上幼儿园的孩子们也一样。老师对孩子的期望以及实现这些期望的方式都为将来的学校教育奠定了基础。美国幼儿园老师一般都希望小孩子有一种自然探索的本能。他们也尝试保持一种平衡，包括鼓励学生进行实践、调查、引导学生以小组形式坐在一起听故事或是一堂简短的课程。他们也承认，帮孩子们发展出适当的社会技能需要一定的时间。同样，中国老师也认识到孩子的注意力是有限的，所以他们需要来回的走动并采用多样的学习资料。但是，根据美国幼儿园标准，在一个有 15 或 20 人的小课堂上听老师讲课的话，孩子们还是会很安静地坐下来听讲。

在一个关于家长对孩子期望的访谈中，本科毕业且性格温和的周丹丹女士说，她在上幼儿园的儿子需要学会听从老师的指令，否则的话，她的孩子就可能是一个麻烦制造者。

"一个麻烦制造者会做些什么？"我问道。

"当老师在向学生指导一些新的东西或者孩子们一起唱歌时，这个孩子可能会与人说话，或者和别的孩子相互用脚踢着玩，或对老师所讲的内容没有集中注意力。"

"如果一个孩子站起来，离开班级的圈子会怎样？"我询问道，"就是自己去玩玩具或者看一本书。"

她仰头笑着说："哦，我的天啊，我不认为中国学生会做出这种事情。他们可能不认真听讲，但他们会待在自己的座位上，或者和坐在旁边的人一起玩。"

我的思绪回到了几个月前我在南加利福尼亚州一所幼儿园帮忙代课的情形。当幼儿园老师并不是我喜欢的教师工作，但我知道如何让孩子们忙碌起来。每天，我让这30名孩子坐在地毯上面对着我，尽量使他们集中注意力。他们多数还是很配合的，但有一些人还是会站起来分发纸张来"帮助我"，或者在还没有开饭时拿饭盒里的东西向同学展示，等等。尽管这样，他们也不是"坏"孩子，只是还没有学会坐在小组中参加正在进行的活动。一个小女孩一直站起来玩她的积木和拼图游戏，我不得不让她坐在我的身边以保证她不再动。在中国2至4岁的孩子如果做出上述行为的话是绝对不会被老师所容忍的。在美国，我们认为许多孩子需要学习如何规范自己的行为，不管是学龄前还是在托儿所。在中国，孩子们已经学会了这些规范的行为。30名3至4岁的学龄前孩子坐在椅子上围成一个大圈，每个孩子要等待很久才能轮到自己发言是一件很平常的事，尽管老师和助教确实对孩子们的行为进行监督，但他们似乎并不像美国孩子一样想站起来活动。

　　这种的行为是与文化相关的。我所做的关于孩子是怎么样集中注意力的研究显示，当孩子在接受课堂形式的教导之前，2 至 3 岁的中国孩子倾向于一动不动地长时间专注于一个小目标，这方面远远超过美国的孩子。尽管中国的孩子有可能很早就显示出这种专注于一件事情的能力，但低年级老师并非顺其自然地不作要求。南京师范大学的儿童早期教育专家黄仁松老师说，在一年级入学的时候，老师仍旧采取各种鼓励方式帮助孩子集中注意力。在学校生活开始的前几天里，老师会向学生们展示怎样坐下、如何握笔、怎样听课和写作业、怎样在教室里走动，以及如何排队。老师通过演示、讲故事和做游戏的方式来教学生遵守学校的行为规范，同时老师也会经常批评学生以使他们掌握得更好。此外，老师会经常告诉家长他们的孩子还存在哪些需要改进的地方。

　　曾经有一位一年级刚入学的孩子家长给我看了当天她收到的女儿任课教师的五条手机短信，三条是数学老师发来的，两条是自语文老师发的。其中一位老师还亲自与她就她女儿不听课的行为通过了电话。这种交流方式对许多老师来说都非常普遍。老师发的短信，一些是公共的、群发给所有的家长；另一些则是针对个别学生发给特定的家长。上了初中后，随着老师和课程的增加，家长收到的短信数量也会增加。

　　许多中国家长和大学教育工作者已经告诉我，老师对学生非常严厉，经常会通过羞辱来惩罚学生，同时也会嘲笑那些没掌握课业的孩子。孩子在高年级就读的一位高校老师告诉我说："老师有时会对孩子说些非常不礼貌的话，并且老师会向犯错了的学生发火。"她又补充说道，因为大家认为严师出高徒，所以这样的行为是被认可的。尽管有一些家长不这么认为，但这毕竟是大部分人的共识。

不管老师做什么，学生都要像尊敬父母一样尊敬他们。自孔子时代以来，对父母和老师的尊重已经深深植根于中国文化之中。事实上家长和孩子可能并不总是喜欢老师的言行举止，但老师仍是被尊敬的，有时甚至是敬畏的。一名家长说："我们视老师为自己的父母一般，因为他们拥有知识和能力。"

批评而不是鼓励已经成了中国老师的准则。一次在南京，随我一同去机场的英语教师收到了来自她读初中的儿子所在班级老师发来的几条短信，告诉她怎样提高她儿子的学习能力。我问她老师们是否发过对孩子能力提高的一些鼓励短信。

"从来没有。"

"如果孩子在竞赛中得了第一名呢？"

"这时候，老师会说学生需要继续努力，这样他才能击败来自其他学校的学生。"

这正突出了流行在中美两国教育系统中的两种极其不同的期望。在美国所有类型的课堂上，不管严格的还是传统的，甚至是过分互动的，"为什么"和"怎么样"是最有价值的问题。为什么汽车尾部会冒烟？为什么字母"s"和"c"有时会发音一样？蠕虫怎样移动？老师可能有不知道答案的问题，但他会接受这样的问题，并经常鼓励孩子对这类问题的钻研。学生向老师提出的建议需受到尊重，那些鼓励学生进行互动的老师也被认为比那些只遵循课本的老师优秀得多。甚至在以考试为目的的课程里，与同龄的中国学生相比，老师也希望其学生更加主动。不只一名中国家长说过，他们的孩子有想象力，如果在美国学校学习的话，他们会做得更好，因

为那里给孩子更多的自由。一位上海学校的校长在对南加利福尼亚州的马里布高中考察后，回国写了一本书，书里称赞了他在那里所看到的老师和学生在课堂上的自由与互动。

在中国，许多中产阶层的父母虽然已经意识到了中美两国学校的差异，但还是被这样的现实所刺痛：一方面渴望自己的孩子在一个不太严厉且富有想象力的氛围中学习；而另一方面却是，如果他们的孩子将来能够走进名牌大学并有个好的工作前景，那么这些孩子必须通过竞争激烈的高考。而许多美国老师和家长认为，尽管孩子们逐渐有了批判思维技能，学习也更具主动性，他们还是希望自己的孩子能够在学术方面更加专注，在课堂上更好地遵守纪律。问题就是，我们如何能够将这两个方面都做好呢？

第八章
学习内容的深度挖掘

2011 年，为了与时俱进我走访了美国很多课堂。这天，我悄悄地走向一间拥挤的教室后面角落的一张课桌，向老师点了点头。他刚刚让上午休息完的四年级学生坐下来。这是间近乎没有窗子又与主建筑分离的"临时"单元，让人感觉有些压抑。虽然正值阳光明媚的初春，但教室里光线很暗。

雅各布森老师在屏幕上投下了一张用来练习的词汇复习表，他那强有力、音量适度的声音将不安的 30 名 10 岁孩子们包围起来，让他们坐在挤在一起的双人桌上专心致志地听讲。雅各布森老师指向屏幕上的第一个单词，大声读了出来。

"Stethoscope（听诊器），读。"

"Stethoscope。"

老师走向布告栏，拿起其中一张照片。

坐在教室中间的一个女孩举起了手。

"杰西卡。"老师叫她来回答。

"我上周去看医生，医生就用到了这个。"小女孩回答。

我刚刚从中国回来就被小女孩的话语所震惊。在中国的任何一所学校，一名学生是从来不会主动跳出来将自己的个人经历放进以老师为主导的活动中的。

"对。它是不是摸起来很凉？"老师问，"有时（听诊器）上面的金属和塑料部分会很凉。"

杰西卡笑着点了点头。

"它是用来做什么的？"

"用来听你的心脏？"

雅各布森向小女孩点了点头表示同意。随后，他大声读了

"stethoscope"这个单词，并解释了它的涵义。

"下一个单词，superstition（迷信）。跟着读。"

"superstition。"学生们一起跟着读。

"一些人认为 13 是一个不吉祥的数字。"老师说，"那么为什么 13 被大家认为是不吉利的数字呢？为什么不是 20、40 呢？"同学开始相互讨论起来。

"请举手告诉我其中的原因。"老师向坐在教室后面的女孩点了点头，并走过去站在旁边，这样就能够听到女孩细小的声音了。

"因为有一次我骑自行车经过一家门牌号是 13 的房子，然后我就从车上摔了下来。"小女孩说。

"这么说遇见了 13，运气就不好了？那么你已经听过 13 代表坏运气了？谁告诉你这些的呢？"

另外一个学生脱口说道："电影《13 号星期五》。"学生们将自己的个人经历和猜测几乎完整地罗列出来，而这也正是老师的目的——将学生的个人经历与所学相联系，进而帮助学生再把所学的带到生活中去，并最终能够记住所学的内容。

"你们还听过有关坏运气的其他事情吗？"老师问道。孩子们的手不断地举起来，特别希望被点到来回答。

"曼纽尔。"

"从梯子旁经过。"男孩回答说。

"对。在梯子下走过是一件不走运的事。"老师用很谨慎地措辞而不是对孩子进行批评。因为老师深信过多的批评和纠正会减少学生们在课堂上积极发言的勇气。

老师走到教室的一侧："好，现在告诉你的同伴你曾经听过的

迷信事件。"学生们转向自己旁边的人含糊地说着，一些人甚至伴随着剧烈的肢体动作。老师随后将大家的注意力转到他那里。

"你们还知道其他的迷信行为吗？玛利亚。"

"打破镜子。"

"打破镜子就会有七年的坏运气，是这样吗？阿尔玛。"

"踩在人行横道的裂缝里。"

"对。你应该跨过裂缝。瓦妮莎？"

随着问答的进行，孩子们都积极地说出了自己的想法。最后，老师回过头来问："那这些是什么呢？"

"迷信。"大家异口同声地回答。

学生们的一部分家庭作业就是列出他们所知道的迷信行为。老师随后走向讲台的投影仪，开始讲下一个单词。

这节课的氛围不仅比中国的课堂更加轻松，而且老师的期望也是不同。尽管这种词汇联系持续了几分钟，但老师希望学生能够说说自己的经历、给出自己的观点和想法，并敢于不怕犯错。通过学生谈论自己的经历能够更好地帮助他们理解和记忆出现在阅读课文中的新词汇。

中美课堂在某些方面存在明显差异：课堂氛围、杂乱的课桌与近乎摆放整齐的整洁座位、小班对大班、随意的与严肃的互动。还有些细节虽然微小但仍然重要，那就是美国老师是如何将学生和他们的经历引入到教学过程中的。无论老师的教学风格是什么样的——在美国有多种教学风格，从严厉、正式到非常放松——它已经成了美国教育的一个特点。

美国老师在阅读和写作课堂上的角色就是给学生提供各种各样

的机会以让他们沉浸于学习的过程中，理解所学内容，然后慢慢地明白如何利用这些技能来获取知识，懂得如何清晰地表达自己和阐述自己的观点。而中国老师的首要任务就是帮助学生深挖课文的涵义以期能够深入和细致地理解作者所表达的意思，而从没有帮助学生表达他们在读完课文后对文章的的所想或所感。

在美国学校，一个常用的帮助学生理解课文的首要方法就是将故事或文章与学生的个人经历相联系，随后再与其他课文相联系，最后扩展到世界发生的大事件上。大概十年前，我偶尔看到教室的布告板里写着"写给自己，写成文字，写给世界"。这些现在已经没有了，但这种教学策略已经深深地嵌入老师的教学实践当中，无论他们所教的是哪种阅读课程。

几年里我亲眼目睹这种采用相关性的方法在美国不断地扩展。

洛杉矶中部的一所学校里，埃斯梅拉达·奥尔蒂斯的一年级课堂上，23名孩子独自坐在单个课桌旁。一些人面向白板，其他人则面对着宽敞教室的中间。早晨的阳光透过大窗户照射在朝气、活泼的孩子们身上。教室的墙壁挂满了学生的作品、阅读项目表和海报，以及根据学生们讨论而绘制的图表。这些内容不仅使教室显得生动，同时也是教学过程中不可或缺的一部分。老师点完名后，开始讲一个民间故事。讲的是一只蚂蚁为了看天空，爬过了很高的植物和大树，最后才认识到自己的努力都是徒劳。

学生们拿出他们大大的硬皮阅读课本，里面收集了一批能够让孩子们参与其中并教授孩给子阅读和理解技巧的故事。这些故事书比中国课堂所用的要大两倍，也不允许学生在上面写字或将书带回家。但在书的内容方面中美两国还是很相似的，包括各种童话故事、

非小说类的故事和诗歌。这些内容涵盖了多种主题，如交通、沟通等等。

"你喜欢的童话故事是什么？"老师问学生。其中一些孩子是刚刚开始学习英语的。

"《三只小猪》。"一名穿着印有卡通人物 T 恤的热情的男孩说道。老师走到小男孩的旁边给予鼓励，以期他继续说下去。

"哦，《三只小猪》。你喜欢它的什么呢？"

"我喜欢大灰狼不能吹倒房子这段。"

其他的孩子举起了手，其中的一些说了他们自己喜欢的童话故事。随后老师让学生们在故事里找出他们不认识或者不理解的词汇。其中的一个词是"dandelion"（蒲公英）。

前天，为了准备学习《蚂蚁的生活》这篇文章，并让这些城市的孩子们有次体验自然的经历，老师带领学生去了学校的花园。在花园里，他们找到了带着花瓣的蒲公英，还有人找到了已经成熟能够吹的蒲公英。孩子们也参观了不同高度的植物和树，进而能够在视觉上理解蚂蚁的努力。老师不仅让孩子们在课堂上谈论自己的花园经历，同时也将他们所看到的蒲公英和植物与带到课堂的照片相比较。在讲故事之前，孩子们看了书中蚂蚁爬上一颗蒲公英的插图。

老师让学生们在教室的地毯上围城一个圈，她也和学生一起坐在地上。孩子们开始跟着老师一起大声地读故事，并通过字母、语音和上下文来辨别单词。这个过程对成人阅读者来说能够很自然地做到，但对这些一年级的孩子来说还是很费劲的一件事。

老师帮助学生认识单词的进程很缓慢。其中的一些孩子并不是很懂英语，在阅读和理解词汇上不是很顺畅。通过大声的朗读和看一些图片，这些孩子能够知道故事的主旨，但学习用一种新的语言来进行这种阅读的确是很困难。

读了四页之后，老师让学生们停了下来。"那么为什么蚂蚁改变了它沿着往上爬的东西呢？"她向后翻了几页课本。"蚂蚁爬过了小草，然后爬过了蒲公英，随后是玫瑰花，而现在它正沿着向日葵向上爬。"学生们看起来是都明白了老师的意思，在他们接着读了几页之后，老师又让他们停了下来。

"让我们联系下自己的生活。谁曾经感觉自己像是只蚂蚁？你们有在某种情况下感觉自己是只蚂蚁吗？"

一个男孩迫切地举起了手。他摇晃着膝盖，说得很激动："当我第一次搬到这里，我不熟悉高楼大厦，所以当我走进高楼的时候我就希望自己能够再长高些，这样就能看到高楼是什么样子了。它们太高了，让我觉得不可思议。"老师建议男孩记住他这个有价值的想法，因为第二天他们会写下这样一句话："这个故事让我想起了当……时候我感到……。"

老师指着蚂蚁爬上一棵大树这页问，蚂蚁能感觉到什么？孩子们都想说点什么。

"累。"

"激动。"

"想睡觉。"

"你们是否有像蚂蚁那样累的经历？"更多的人举起手来。老师想找一些通常不在大课堂上回答的孩子，但时间快到了，她就叫了那些更有信心的孩子。

"当我爸爸在健身器材上锻炼时，他汗流浃背。"

"在一个比赛中，我在滑板车上做了个有挑战性的动作。"

"好。那么蚂蚁所做的如同一场赛跑一样。"老师为了帮助孩子将他们的例子和故事结合得更紧密，说出了这样的话。

在阅读课本和谈论学生生活间不断转换对爱默琳达·奥尔蒂斯老师来说是很自然的事，同时这点也适用于多数的美国教师。奥尔蒂斯老师采用的这套阅读教授流程在许多学区都会被要求严格贯彻，而这套教程需要老师在教授具体技巧和词汇的扩展上花费大量精力，因为这两项经常超出了学生自身的能力范围。但是这些故事本身是以开放性提问作为结尾的。教师用书同样也包含了将课本故事和学生生活相联系的多种方式，这些其实也早已根植大部分老师的心中。

二十一世纪伊始，中国政府就采取了一项深远的改革计划——实施新的课程标准，以期通过采用更多的西方标准满足现实需要，以及通过以学生为中心的教学来培养他们作为未来领导者的创造力。2001年，教育部发布了周期指导——《基础教育课程改革纲要》。像其他类似的政策性文件一样，该指导方案在正式出台之前也被发送到各教育部门和省份征求意见。指导方案提倡"不再过分强调传授书本知识"，因为这样"对学生来说通常过于困难和复杂，且部分内容已经过时"。学校课堂需要更多的互动学习，老师也被期望能够将授课与孩子的生活经历相联系。教育部门认为，学生需要在学习中扮演更积极主动的角色，而不是简单的读课文和背诵课文。

在这个指导纲要发布之后，中国引进了更多有趣的课本。数学书展示了一些概念在生活中的应用，语文课本包含了学生能够联想的内容和活动来作为课程的补充。例如，一个古代驾驭战车旅行的神话故事就配有额外的推荐活动——列举现在学生和成人是如何旅行的。但我并没有看到这种方法被经常用到。以我的经验，中国老师让学生将他们的生活经验与课文的主旨和文中的汉字相联系起来是一件很难的事情。

但是，中国老师引导孩子深挖课文，一起更深入地理解文章，其目标是帮助学生理解故事的细节和作者所采用的写作技巧，在适当的时候能够理解人物的动机后所潜在的道德涵义。课程完全是围绕课本进行，学生们的意见几乎总是和作者的话语相联系。学生们通过老师提出的的一个个相关问题来学会挖掘材料。尽管父母抱怨学生需要大量地背诵却缺乏创新精神，但多数中国学生都展示出了对课文主旨的良好理解能力。

经过多年观察中国老师的授课后，我被他们教授阅读的方式所吸引。

"惊人的记忆力。"在 20 世纪 90 年代我写给我的中国研究搭档张峰的信中我这样写道，"很难相信在课堂上有那么多需要记忆的东西。"我看了看在听一至二年级的语文课时所记录的手稿。我笔记本的边缘空白处都记满了各种评论："同一段落学生读了四遍。""他们已经读了这么多次，现在学生应该已经背下这个故事了。"

张峰被我的反应逗乐了。他向我保证，这在中国很常见，同时这是能使孩子学会阅读和理解汉字的最好方法。

但是我怀疑，这是不是仅仅为了背诵而背诵呢？我知道把复杂的中国汉字放到孩子的脑袋里是很重要的，如果不背诵的话，他们也几乎很难继续学习。但是，背诵和对细节的注意对理解有什么作用呢？我认为，正如一些西方老师对中国老师教学方法的评价，背诵和注重细节一定有其价值，而远不是简单的不动脑筋、机械式的重复。

　　我对张峰提到了南京一所学校的一节二年级课，这在第六章曾简要提及过。那天，我、助理邱伟和翻译坐在课堂后面孩子们的小椅子上旁听。王老师被邱伟和校长认为是一名富有经验的优秀老师。她上课时是站在教室前面略高出地面的讲台上，班中的55名孩子则面向讲台坐在一排排间隔狭窄的桌子前。

　　"他们在学一首关于黄山的诗。"邱伟说。他悄悄告诉我学生极有可能以家庭作业的形式学习过这首诗。王老师开始讲课了。

　　"黄山因其温泉、奇石、迎客松和云海已经享誉国内外。今天我们就要学这篇关于黄山的文章。王伟，你来读下文章的题目。"

　　"黄山的奇石。"

　　"好。全体同学一起大声读标题。"

　　"黄山的奇石。"他们一起大声地读了出来。

　　"那么这篇课文讲的是黄山的哪个部分？"

　　学生们纷纷举起手。她向一位同学示意。

　　"这篇课文讲的是黄山的奇石。"

　　"回答正确。我让另外一名同学来回答下这个问题。"

　　更多的人举起了手。

　　"你来回答。"她向另一个孩子示意了一下。

　　"这篇课文讲的是黄山的奇石。"

　　"好。文章是关于黄山的岩石。但这是什么样的岩石呢？"

　　"奇石。"大家异口同声地回道。

　　"对，这些都是奇石。借助课本中的插图，我们知道这篇课文是有关黄山奇妙的石头的。"

　　课上了几分钟，我就被不断的重复所震惊，但也麻木了。每个短语和句子学生都要听至少三次，通常情况下次数还要更多。

王老师让 55 名同学齐声朗读了课文。

"现在请回答我的问题。课文中提到了多少种不同的奇石？请大声回答这个问题。"她叫了我们身边的一个男孩。

"有仙桃、猴子看海、神仙指路、公鸡晨叫，等等。"

"他回答得完整吗？"

"不完整。"

"除了他说的之外，其他的奇石是什么？陈娜，你来回答。"

"还有小狗望月、狮子链球、仙女荡秋千。"

"将两位同学的回答组在一起就是完整的答案了。"王老师说。邱伟低声说，老师的回应是帮助孩子阅读得更加准确。但是我感觉这会让人很沮丧，尤其是对于二年级的小学生来讲。

随后王老师告诉学生，在她大声读课文的时候需要注意三点：复杂汉字的发音、句子间的停顿和岩石的特别之处。她开始阅读整篇文章。结束的时候，邱伟靠过来说："她读得非常有感情，学生们学会良好的发音和语调能够帮助他们更好地理解课文。"

"接下来，我们一步一步地学习课文。"王老师告诉学生。她从第一张插图开始，然后是第一自然段，就这样有条不紊地进行着，一段接着一段，一句接着一句，非常仔细地确保每个新的汉字和短语能被孩子们理解。第一段是由两句话构成，介绍了黄山所在地和在那里发现奇石的事实。当她讲解完的时候，学生们已经大声地将这几个句子读了四五次。他们肯定能够将这两个句子背诵下来，也将文章的韵律内化了。

王老师进行到第二个只有一句话的段落，花了 5 分钟对句子和

插图进行分析。

"第二段只有一句话，它告诉了我们什么？曙峰，你来回答。"她问坐在前排穿着蓝色夹克的男孩。他的夹克拉链已经拉到了下巴那。

"第二句告诉我们……"

"这儿只有一句话。"老师说，在男孩停顿的时候，她提醒到，"为什么是第二句？"

哦哦，我想，就像中国家长已经告诉我的那样，学生需要时刻精神高度集中以防尴尬的情况出现。尽管这些仅是二年级的学生。男孩迅速地回答："它有两个意思，一是仙桃石就像一个大桃子，另一个是……"他犹豫了。

老师这时打断他说："回答的不是很完整。谁愿意试试？这句话告诉了我们什么？胡佳，你来回答。"老师在教室前面精力充沛地踱着步子。

"这句话有两层含义，一是仙桃石就像从天上掉下来的一个大桃子。"

王老师重复着孩子的话："仙桃石就像从天上掉下来的一个大桃子。这里说的是岩石的来源和它的大小。所以，这句话说的是岩石的……"

"形状。"

"对。这里说的是岩石的形状。那么第二层含义是什么？孙静，你来回答。"

"第二层含义就是它掉落在山顶高处的石头边上。"

"所以它说的是岩石的……"老师停顿了下，等学生补充。

"它告诉了我们岩石的位置。"

"它告诉我们仙桃的具体位置。"王老师重复着。"第二段有两层含义，一是关于岩石的形状，二是关于岩石的位置。但是，孙静遗漏了一点。谁能做个补充？这句话包含三个意思。"

"第三层意思是它告诉了我们岩石的名字。"

"对。这句话同样告诉了我们岩石的名称。首先说的是名字，然后是形状，最后是地点。这就是该句所含的三个意思。"

课上了 20 分钟后，我感觉筋疲力尽且有点压抑。我认为老师对问题和回答的掌控并不是很好，因为只有少数学生能够有机会来回答。即便是这样，老师还要时常批评学生。在这里我看不到学生有机会将自己的想法和经验纳入课堂。尽管邱伟和校长一致认为王老师是一名优秀的老师，但我不理解他们为什么这么说。学生们被引导着一点点地吸收着句子和段落的些许信息。

随后的几年里，我仍旧在调查这种教学方法，并对大声朗读的练习方式产生了好奇。在中国的高中和大学校园里，我看到学生们低头看着课本，边走边大声背诵、记忆课文。当我和学生们讨论这种练习方式的时候，总有人引用"读书百遍，其义自见"来回答我。这个信条在几百年前就已为人所知晓，很明显目前它仍是中国教学实践的一个重要组成部分。对多数人来说，重复的朗读不仅能够强调句子的优美和韵律，同时也能够帮助读者理解句子的含义。

在中国，基本的读写能力的教学已经有 2000 多年。朝代有可能更迭，但读写的培养依旧保持原貌。这在中国古代教育家的思想上也有所体现。比如 1000 年前朱熹在他的读书之法中主张通过反

复诵读来记忆和理解文章。他提出：读书要循序渐进，熟读精思，虚心涵泳，切己体察，著紧用力，须教有疑。

中国古代的阅读教学有两个步骤：念书（朗诵）——通过大声朗读文章，能够将其拆分为句子和段落；讲书——阐述拆分的句子和段落的意思。

明代著名学者何伦（1368–1644）也阐述了"讲书"在老师与学生互动中的关系。他认为，课文理解的关键就是在老师解释之后，你需要仔细地阅读，有目的地学习，深入地思考，一个句子一个句子地阐明，一个段落一个段落地理解。只有这样，你才能抓住文章的主旨。

六百年前，老师给学生进行清楚解释并告诫学生认真听讲已成传统。如今，这些教学习惯依然完整存留下来，20世纪对其进行转变的努力也不尽人意。2009年，我和来自中国女子大学的搭档于振友参加了安徽省一所农村学校的课程讨论会。学校就在离他家不远的一个村子里，时间允许时他会在教学方面帮助老师们。有几位语文老师参加了放学后的讨论会，包括刚才我们听讲示范课的老师和校长。于振友激昂地说：

"南希提到两种理解形式。一是明白段落的本意，二是，可以这样说——'仁者见仁，智者见智'。在英语里，这两种形式可以定义为'make meaning of'和'make sense of'。这两个短语都可以翻译成中文的'理解'，但两者是很不同的。"

他接着给老师们解释，短语"make meaning of"与课堂上讲的类似——让学生明白字或短语在字典中的意思。但换个角度，不同的人对文章含义就有不同的理解（make sense of）。对一个人来说"独特性"与他个人经历的有关，而其他人就可能有完全不同的想法。

于振友认为，那样短语就能够展示出更宽泛的含义。他认为中国的老师现在需要把注意力集中在帮助学生将自己的已有生活经历和所学短语相联系上。学生们不仅需要明白单个短语的含义，同样要理解整篇课文中与自己生活相关的内容。

但于振友又提出，通过这种方式来解读文章并不是意味着要完全抛弃中国传统教学方式。传统的方式还是有价值的，比如背诵。"如果文章有优美的文字，为什么不背下来呢？好的文章需要背诵。在背诵好文章的过程中，对文章的敏感度就会建立。当碰到一些难理解又优美的文章时，背诵能帮助我们理解。"他补充道，西方的教学工作者过分强调"making sense of"，而牺牲了对文章深层含义和优美文字的理解。当我向美国和西方教育工作者提出，与中国的教学方式相比，我们过多关注了读者个人的想法时，他们纷纷表示认同。我也补充说，我们往往只花费很少的时间来讨论和理解作者的观点。正如于振友所指出的，中国人总是深入挖掘课本。中国学生对作者的意图了解很多，但他们并不思考所学的内容和他们自己的生活或者自己所处的世界有何关联。

在中国多省的学校和课堂上，我已经看到了中国的课堂教学是如何逐段对作者意思进行探寻并强调优美的语句。这种现象甚至也出现在那些已经开始重视新课标的学校，而新课标已推动老师将学生引入积极的课堂学习之中。最明显的一个例子就是 2011 年我在一所市区学校观察到的一堂进行良好的课程。课上，四年级学生们学会了如何在小组中有效合作——接替老师的部分讲课工作或和班级其他的同学共同协作。但是，学生探索和解释课文的方式和我在

20世纪90年代早期观察过的以教师为主导的课堂几乎是一样的：以一步一步的解释和仔细的阅读为主导，完全没有联系到学生自己的经历和想法。

当时，四年级的学生在读一个名为《我不是最弱者》的故事。故事讲述的是一个在外野餐的俄国家庭突然遭到暴雨袭击，妈妈把唯一一件雨衣给了自己的孩子萨莎，而萨莎觉得受到了侮辱，因为在她眼里，他们中最弱的应该是一朵美丽的花，于是她将雨衣用来保护这朵花了。

孩子们被分成了几个小组，每组选取一或两个自然段来阅读、分析。第一个小组的组长站着，其他小组成员则围他而坐。

"让我们看看第一自然段。第一段开头是'这是一个极其闷热的天气……'"

"让我们欢迎黄浩然来有感情地朗读一下。"组长说。

黄浩然开始读："这是一个极其闷热的天气。爸爸、妈妈、上五年级的托利亚和四年级的萨莎一家来到了树林里。"

小组长继续说："这段告诉我们，一家四口正在度假。同时也告诉了我们时间、天气、地点和这四个人之间的关系。天气很闷热。这句话作者不是随意写的。请刘翔同学来解释下作者写这句话的目的。"

刘翔站起来答道："大家知道，天气很闷热的时候，意味着有可能打雷下雨。作者写这句话就是为故事的高潮部分做铺垫。"

小组组长突然插话："现在我们暂停一下。有人想对这段的解释做什么补充吗？吴姿。"

另一个组员吴姿开始说："我再说两点。第一，我对刘翔的的回答做点补充。天气闷热，意思就是说，天气晴朗舒适。所以一家人没有做任何准备，只带了一件雨衣。这是为结尾做铺垫。第二，作者点明了两个孩子之间的关系，即托利亚读五年级，萨莎读四年级，所以萨莎比托利亚年龄小。作者这样写的目的就是解释为什么妈妈首先将雨衣给萨莎。"

老师开始介入小组中，引导着讨论："雨衣给了最弱者，文章的题目是《我不是最弱者》。因此，妈妈把雨衣给了最弱者——萨莎，是这样吧？！你们已经注意到角色之间的关系，这点非常好！"小组成员打断了老师的话，部分是通过孩子们的身体语言，同时小组长——一个富有激情和坚强意志的男孩子——也很渴望继续将小组讨论继续下去。

他提出对文章中出现的几个特定的多音词进行检查。其他的小组仍在继续，每个组都以同样的方式在分析文章的一个或两个段落。这一切恰似我 20 世纪 90 年代的回忆。与早期我观察的课程相比，学生的参与使课堂更富有活力和动力。然而，对文章每个词含义进行逐字分析、注重细节和作者寓意的做法仍旧没有改变。美国老师会鼓励学生这样提问："为什么这个字符是 X？""y 还有其他的作用吗？"在中国的课堂上，学生有时会从故事中感到某种含义，但是他们的观点和猜想，以及任何和他们自己的生活相联系的内容却是缺失的。

回到洛杉矶后，我仍继续研究中美两国学习语文方式的不同点和相似之处。同样，我再一次被中美两国间的差异所触动——中国是进行词汇和句子的分析，通过这种进一步的挖掘帮助学生理解作品的深层含义；而美国则倾向于通过结合个人

理解、个人经验以及读者自身的想法去写作。

美国成年人也基本认同这点。一名正努力帮助其孙女的提高学习水平的老者说，他被孙女阅读一篇短文后产生的写作想法所震惊。但通过进一步的调查，这名老者发现，尽管在开始作者的短文对她孙女有所启发，但是由于过早地联系自己的个人经历，她忽略了作者的主要观点。

美式教学倾向于过快地从课文转向现实生活的应用，这在学生准备流行的大学入学 SAT 考试的过程中也有所体现。在一个在线提供考试准备内容的网站上，一篇得分高的文章由于其与作者个人生活紧密相连而特别受赞赏，但该文章根本就没因几乎忽视了主题的写作要求而受到批评。

在一所洛杉矶的特许学校里，老师能够自由设计自己的课堂以满足该州教学标准。该校由两名老师负责管理由 60 名学生构成的四年级和五年级。老师们设计了一年的教学计划，将科学与数学、语文和社会学习整合在一起。我一年里多次听了他们的课。那里的学生先是阅读，然后写出所关注的生态系统中的神秘事件和生物群落，也会经常提到生态系统和其他有关生物多样性的科学概念。

在一次上午听课时，语文老师塞尔瓦组织了 10 人为一组的学生阅读一个关于科学调查和神奇事件的故事。老师告诉学生，她之前没有读过这本书，所以她需要学生将前三章所读的内容以及所发生的事件描述给她。她的目的是使学生对书中内容了解得更加详细。一名留着齐肩发，有着调皮笑容且健谈的小女孩玛利亚开始描述文章的特点和相关内容，其他的人则在玛利亚忘记关键细节的时候给予帮助。

"那就是奥秘？"老师就玛利亚的描述问道。几个学生马上就开始插嘴说话。

"请举手。你们都有机会发言。很高兴你们都想表达些什么。"

一个高个子很精神的男孩肯尼斯说："在第一、二和三章，书中的人物每次看到乌鸦的次数是不一样的。"

"Ravens（乌鸦）。"几个学生纠正道。有人说："乌鸦很可怕。""我不喜欢乌鸦。""乌鸦比其他的鸟要大好几倍。"

"乌鸦个头是很大。"老师说。她还解释了因为乌鸦是食腐动物所以才有坏名声。

学生们对生物群落已经有了初步的认识，但并不是很多。在老师旁边翻着课本的女孩认为，因为主要的物种都迷恋山顶，而且它们都纷纷去了那里，所以故事中重要的生物群落区就是山顶。

"对。我认为她说的有一部分是正确的，但是这里同样有草地。"另一名同学说道，"因为你可以在草地上看到山顶。"学生们已经偏离了对生物群落区的理解，但老师并没有出声提醒他们。相反，老师引导学生思考他们目前已经发现的线索，并让他们对陆地与神秘事件之间的联系做一个预先的猜想。在接下来的几天里，学生们将提炼和扩展对生物群落的已有知识，探索各个群落在生态奥秘中所起的重要作用。

与对文字进行深入挖掘的那两节中国语文课不同，洛杉矶的学生谈论的是作者如何展开故事情节、接下来作者将要说些什么以及是怎样揭开奥秘的。老师引导学生去推测，同时让他们通过事实逐步证实自己的观点。

在下午的科学课上，合班的其他老师介绍了一个为期两周的生

物群落课题。每位学生需要选一个生物群落。擅长数学和科学教学的米歇尔老师分发了描述课题的作业表,解释了什么是生物群落等。她用10分钟回答了学生们的问题,然后让学生停止发问。"同学们,现在开始进行研究。你们有比答案还要多的问题,所以今天你们就开始从寻找不同的生物群落开始。"她指着作业表上列出的网站,打开其中一个给学生做了示范。学生们从学校的推车上取到电脑开始查找相关资料,并在研究的过程中相互帮助。米歇尔·罗瑟老师从一个个孩子面前走过,解决孩子们的困难,提出研究的新方法,并回答了他们很多问题。

无论是尝试小组模式的两堂中国语文课,还是洛杉矶的特许学校课堂,与他们各自的同行比,目标都更高远,并具备一般人享受不到的灵活性。中国实验性课堂的学生人数是普通的课堂人数的一半,而洛杉矶特许学校则不受地区课程设置的束缚。即便这样,基础文化特性显然依然得以保留。中国,即使在重新构建的课堂环境中,仍旧重视并练习对文章的深入挖掘,学生的经验和想法则被放在了一边。美国人注重学生自己的观点及其对故事的反应,并不像中国学生那样对文章深入挖掘或者深究作者的语言文字。鉴于两国的不同特点,我们可以适度采用对方所用的方法来完善自己。

第九章
在校表现与课堂即兴发挥

1977 年，我和我的早期研究搭档张峰在加利福尼亚州的阿罕布拉住了有一年之久。当我们因彼此文化不同而产生不愉快的时候，我们仍能够相互坦诚，在长时间的交往中我和他已经互相信任。他曾经给我发邮件描述孩子足球联赛的事，即使我现在重读一下，仍旧会觉得津津有味。邮件也精确地描述了我们两个国家之间文化的巨大差异。

他在邮件中写到，在观看加州帕沙第纳举行的 5 至 10 岁孩子的玫瑰杯美式足球赛时，他感觉自己掉入了另一个星球。信中他描述了小球员的入场式：

作为一名中国观众，我感到吃惊的是整个场面的自由、随意和喧闹——上百个不同形状、大小和颜色的横幅，上面印有每队的名字。每队都在展示着自己的独特，有些甚至很古怪——绿色蜥蜴、黄色老虎、野龟、咆哮的狮子、蓝色海豚、蚱蜢。小足球队员们用一种近乎漫游和摇摆的姿势以"之"字形方式涌入体育场中心。只有少数队员注意跟随喇叭里的音乐节奏行进，这音乐也原本是让队员们以整齐划一的步伐走进体育场的。孩子或者偶像队员出现了，他们的父母、爷爷奶奶以及朋友不时地呼喊、打口哨，笑声在空中弥漫。

他将这些与在中国女儿学校的一场类似的运动会进行了对比。孩子们整齐划一，他说，"进入视线的是，一组组步伐整齐、随着音乐节奏前进的方队"。每一个方队由一名手举标牌或者旗帜的队员来引导。这些标牌或旗帜并没有个性，统一的颜色、形状和大小，因为这样才能使整个场面显得有纪律。

包括父母在内的观众安静地看着队伍行进。向方队表示敬意和鼓励的掌声是来自人群的唯一能听到的声音。父母为自己的孩子感到骄傲、高兴，甚至兴奋，但这种情感只能保留在内心里。

张峰的描述让我想起了 1991 年我第一次在中国徐州听的小学课。我被老师对课堂的精心安排以及每个孩子跟一大组人清晰对话的能力所吸引。这近乎是一场表演，也使我的教学方法瞬间显得随意和不正式。

我发现，这种对教师指导和学生课堂参与的高度组织化遍及中国的城市与乡村。在中国的小学、初中、高中，当老师走进教室的时候，学生们总会齐声说："老师，早上好！"接着老师开始上 40 分钟的课。这里没有因学生的淘气或者走神而使上课中断，也没有时间来让学生补齐作业，更没有分散美国老师注意力的行政性事务。

中国的课是指导性的。负责小学和中学课程的老师会从头到尾仔细备课。老师不仅拟定课程计划，还可能和其他老师进行排练，甚至可能在黑板上制造一点形象化的视觉效果来巩固学生所学的课程。授课的过程中，中国老师经常会在黑板上书写部分想法，用不同颜色的粉笔对每点进行强调。在教学快结束的时候，一组完整、形象化的板书就呈现在了黑板上。条件好的学校已经开始使用与课本相配套的视频。这些方法都被认真地融合进了老师的课堂之中。

大多数美国老师的整体课程结构都具有随意性。除了一些中学的科学和数学课程或者偶尔的 PPT 展示，他们很少把主要观点或者概念做视觉呈现。尽管我经常自己准备课程，将一个单词、一句话

或插图写在黑板上或用投影仪播放，但这些主要是强调由学生提出来的想法而已。我不会把一个知识用图像呈现出来。部分原因就是我的课程安排和多数的美国老师一样，结尾都是开放的，会因学生的反响和他们在课堂的讨论而不同。

在中国，老师会制定可行的详细课程指导计划。那些乡村的教师可能不会像城市学校老师安排的那样完美，但他们的计划执行起来的效果却是显而易见的。

中国课堂强调的是恪守礼仪、完美和熟练的表现技巧。1991 年我在徐州听了一节课，很让我吃惊的是这些课程编排得如此细致，老师对课堂有那么好的掌控力。

"钱娜，请读第二自然段。大点声。"徐州一位二年级的老师说。

"白杨，你也读一下第二自然段，这是很重要的段落。要有感情地朗读。"

"如果你们找不到自己的妈妈，那是什么感受？"老师问道，这和一个叫《小蝌蚪找妈妈》的故事相关。

学生回答道："我会很伤心。""我会很害怕。"

"现在，"老师说，"再次朗读这段，找出小蝌蚪在找不到妈妈时的感受。"

每位被老师叫起来的学生（中国学生总是站起来回答问题）声音都很洪亮、吐字清晰。我发现，这种情况不仅真实地存在于示范重点学校，在普通学校也是如此。以我的经验看来，美国的二年级学生能够做到像中国学生那样，并不是件容易的事。

我已经看到了，为了让学生能够在课堂上大声、清晰地说话，中国老师在孩子们一年级的时候就已经开始采取鼓励与施压并重的方法了。"请坐，你的说话声音太小了"成了老师的口头禅。这样的话语让我感到很震惊。但我的中国同事坚持认为，孩子们必须学会大声说话。而几位家长却告诉我说，孩子说话吞吞吐吐、不敢大声说话是害怕受到老师的批评。

中国家长经常描述他们是如何帮助孩子做功课以确保孩子成功。他们帮助孩子准备报告的积极性要比美国家长高得多。尽管他们和美国家长一样很忙碌，但中国家长每天会付出几个小时来监督孩子做作业。王艳，南京一个大学项目组的主任，刚刚完成了她的博士论文。她带来了一块黑板，这样她读一年级的女儿就能够向她展示每天所学的内容。同时，他们也能一起共同完成老师布置的很多课外作业。

我和王艳经常在吃晚饭的时候见面并探讨一些问题。她也讲述了帮助她女儿张冰每晚在家背诵课文的事情。在数学方面，她会让女儿不断地练习，如 5+8=13、2+20=22、8+18=26，等等；在语言艺术课程上，她和女儿会一起读短文、讨论，复习汉字的含义和书写笔画，并为第二天的课程做准备。尽管张冰在 40 人的课堂上很少被叫到，但她却需要为与课文直接相关的问题而准备完美的答案。

"有时会有学生站在教室前面为大家报新闻、天气预报，而这些学生都是被筛选出来的，之前也有一天的时间做准备。"王艳说，"这就为被选出的学生能够自由地表达书本之外的东西提供了机会。"当她的孩子被选出来做天气预报的时候，她和女儿一起在网上搜索、查询、做准备。因为预报有雨，她和女儿特意排练了在课堂上要说的内容。张冰还练习了由一位唐代著名诗人写的《春雨》，这首诗她在三岁的时候就已经能够背诵了。我问王艳她女儿在课堂

上能够有多少次发言的机会。"今年为止，就一次。"她告诉我。几个月后，王艳给我发来邮件，告诉我她的女儿已经有了第二次发言的机会，同时还有机会向同学们介绍大家为什么需要选她来做体育课的课代表。

王艳说，事前的准备和练习对于女儿能在课堂上表现得自信很重要，同时也避免把她这有限的机会搞砸。

2010年，在南京，我看见一名四年级学生黄浩然，身体瘦高。站在教室前的时候，他的每一个动作都仿佛散发着活力。他的表演是被润色过的，而且显然是练习过了。他迈着演戏一样的步伐，身体向前倾了倾开始讲话，声音在教室里回荡。让学生来主导课程的某一个环节也是新课改的一部分，以期让孩子更加积极地参与课堂学习。

"我是今天负责主持的学生黄浩然。现在由我来主持五分钟背诵。"他首先确认同学们已经将课本打开了，这样才能够一起跟着读。就像在指挥一堂健美操课一样，他说道："古代名言警句，准备好了吗？开始。"

大家大声朗读完几条名言警句后，黄浩然说："接下来，我说一下《三国演义》。"他用手敲了下教室前面的桌子，讲起了他最近读过的一章，无比荣耀。他将书中的场景描述得很好，把角色扮演得活灵活现。随后就突然地结束了："预知后事如何，请听下回分解。"

同学们为他的精彩表演鼓掌，此时老师也插话提醒小组的活动。"每天，我们都有一个很愉快的五分钟朗诵。这学期的朗诵材料是两本书：《三国演义》和《西游记》。我希望能有越来越多的学生走上讲台来展现自己。"

中国孩子还会通过参加其他的活动来完善他们的表演能力，如参加由诸如商业机构和社区组织的比赛，参加私下的补习班——体育、钢琴、演讲、写作、书法、奥数以及英语的辅导班。城市里的多数家庭认为，这些额外的课程活动和辅导班是孩子能够进入好学校的重要补充。反过来，如果能够进入好的中学，那么自己孩子在进入好的大学方面也就占据了优势。官方的考试仅仅是指中学和大学的入学考试，但像课程之外的各种等级考试证书已经受到认可。从小学一年级开始，中国家长就要求自己的孩子提前学习这些课程、获得相应的证书，以期经过努力能够成功申请上更好的学校。这些都是基于这个国家有着 13 亿人口、存在着激烈竞争而被迫做出这样的选择。

这种强调完美和表现的情形甚至也出现在中国的农村地区。那里资源稀缺，家长也没有接受过完整的正规教育。在中国中部黄土高原边缘的一个小村子里，家长们正热情地讨论着他们新校长引入的地方演讲比赛的准备事宜。他们的学校曾经参加过这种比赛，不过排名都不是很好。现在为了增加信心，学生正试着在班里彩排。

"学习演讲是学校做出的一项非常重要的改革。"一位家长说着。其他的家长也开始谈论。

"每周一学校让每班选出一人做演讲。"

"我的儿子曾经被选到。他先写出演讲稿，老师来审阅。在周一的时候，他就做了演讲。"

"在其他的学校，没有这项内容。"一位家长说道，很明显是为他们的优势感到自豪。

"其他学校认为我们的小学老师好，学生也勤奋……他们没有这种好的学习环境。"

一些家长，既没有接受过太多的教育，孩子也没有这种好的学习机会。但他们仍旧想办法通过邻居、亲戚和其他能利用的资源给自己的孩子提供好的学习条件。

在美国，对孩子的期望非常不同。学生们也的确会为课堂报告做准备、为学校集会和其他活动进行彩排，但是以我的经历，他们很少像中国孩子被要求的那样准备得很完美。可以说，美国学校舞台节目之所以吸引人，部分原因就在于它的不完美：一个孩子弄掉了标记，一个孩子弄错了出口，然后跑到了舞台的后面，等等。

美国的课堂上，演讲都是随意和即兴的。当老师提出让孩子自己来想出解决办法或者回答问题的时候，孩子给出的答案都是没有事先经过彩排的。并没有人希望学生的回答是完美的，但他们可以进一步提高。对一名中国听课者来说，美国课堂的日常互动看起来都是很随意的。老师们在教室里穿梭，来到声音细小的孩子旁边来倾听，并鼓励孩子勇敢地说出想法。与学生们发言的准确性或精彩程度相比，老师更注重能够让所有的学生参与进来。当学生独立地在小组里或者课桌上做作业的时候，老师需要与他们进行一些随意的交流和讨论。目前对标准测试的强调已经使得一些学校采用以课本为目标的教学方式，需要老师背诵出课本，但仍旧总是鼓励学生表达自己的想法和评论。

在一堂以技巧训练为主的一年级语文课上，我看见美国老师亨德森女士在给学生一个新单词一个新单词地解释含义。尽管这堂指导课极其强调阅读的课程，亨德森女士还是鼓励她的学生独自表达并自发地形成观点。

亨德森女士指向一个单词 gnarled，因为"g"不发音，所以对多数一年级的孩子来说这是一个很难的单词。接着，老师向学生展示了多幅多节瘤树的图片，随后问他们这个单词的意思。

"我知道 gnarled 是什么意思。"一个穿着湖人队 T 恤的小男孩说。他试了试，但又停了下来。在小男孩努力思考这个单词的含义的时候，老师一直在等待着。"意思是'很搞笑的表情'？"他回答，不确定地揉了揉鼻子。

"好的，"老师说，并在黑板上写下了小男孩的回答，"谁还能做其他的补充？"

一个摇着自己椅子的男孩说："它的意思是不是'形状不一样'？"

老师在黑板上写下了"不同形状"，尽管它与真实含义相差甚远。老师指向图片，孩子们也给出更多的回答：扭曲的、崎岖不平的、奇怪的。

坐在前面的一名学生高声说道："我能拿一张那种树的图片吗？"

"可以。好主意。"老师说。随后，老师转向写在黑板上的单词，"谁能告诉我 odd 是什么意思？"

一位自信的、鼓鼓背包挂在自己椅子后面的小女孩举起了手："它的意思像数字，要么是奇数，要么是偶数。"

老师微微地笑了笑："那是不同的 odd，是我们在数学上所说的。odd 有两种不同的含义。"其他的孩子插嘴说："同音异型异义词。"

根据刚才的说法，老师告诉学生，这个单词在两种不同的用法

中拼写出来是一样的。同音异型异议词是这样的单词——发音一样，但拼写却不同。孩子们有点偏离主题了，但由于这些对孩子们的概念理解很重要，所以老师顺势走下去："谁能想出一个同音异型异义词？"

一个自信的学生举起了手。他慢慢地很认真地说："meet，m-e-e-t，然后是 meat，m-e-a-t。他们拼写不同，但发音一样。"

对一年级的孩子来说，这是一个复杂的概念。在解释清楚前，老师小心地让几个坐立不安的学生保持安静。与中国快节奏的课堂中清晰明确的回答和老师坚持的完美要求相比，美国课堂是如此的与众不同。

但并不是仅仅由于老师注重学生对课文的掌握才导致中国教育的不同。在中国，老师授课被认为是一种艺术。那种由来已久的教学方式深深地植根于文化之中，每天通过课堂内外的传统方式不断地强化。尽管政府法令要求改革，但高度结构化、巧妙设计的课程仍旧是中国教育的一个印记。

中国教育改革始于 2001 年，政府在实验学校启动了重大的课程和教学方法的改革。2008 年，在常规学校的课堂里，我只看到了微小的变化；2010 年，一些老师偶尔让学生们以小组方式学习。此外，老师也开始让学生更主动积极地参与到课堂上来。学生表演课本中的短剧，在计算机教室借助屏幕选择答案，偶尔也会使用投影设备。但总的来说，至少与美国的学校相比，中国老师仍旧对课程进程、学生答题牢牢地掌控着，同时还奉行着课本至上的原则。

安徽省一位中学校长告诉我，在 2001 年课程改革之前，课本就像老师和学生的圣经一样。他说，尽管课程改革了，但老师和考试并没有变。事实上，课堂练习和作业仍旧与中学和大学的升学考试相联系。"中央政府要求素质教育为导向。"来自北京师范大学的周瑾和佛蒙特州的里德·林达两位师范教育研究者写道，"虽然学校领导、老师、学生和家长都明白其中的好处，可目前对学生和老师的评估系统却没有做相应的改变。"他们说这就引起了困惑。学校对公众展示现代的教学方法和互动方式，但实际上在学生准备考试方面却采用背诵为主导的教学方式。周女士和里德女士指出，这种在考试系统上的双重改革模式造成了分歧。一方面是强迫学校管理者声明他们正在采用现代的教学方法，另一方面是老师承担着执行以考试为导向的教学责任。

中美两国，在师范教育方面无论是大学之间，还是地区之间都存在着很大的不同。但在中国，地方与省级的差异是被国家政府完全监督的。而在美国，对各个州只有很少的全国性要求。两国对实习教师的期望也有很大的不同，这种不同会被带入到他们的职业发展中去。

多数美国实习老师的跟班实习时间有一整个学期，中国实习老师则大概只有美国老师的一半。成为实习老师之前，两国的实习老师在学生期间就被要求到课堂上旁听。许多美国实习老师每周都会来到课堂，参与到学生的活动之中；中国实习老师则很少去课堂，并且也不参与到课程的指导和进程中，他们宁愿观察和学习如何对所教课程进行分析。

一名从安徽省师范教育专业毕业的中国实习生的经历就是一个典型的例子。在大学一年级里，她仅仅有一次旁听上课的经历；大二，她和几名同学在一所学校用了两天时间来观察学生、老师和不

同学科的教学方法；大三，她看了一些视频，关于老师如何教授具体科目、分析如何构建课程展示环节、组织资料来强化课程学习、以及如何维持有纪律性的课堂氛围。在最后一年，她完成了六周的教学实践活动，包括充当高级教师的助教，以及花几个小时来观察其他有经验的教师授课。

在实践快结束时，实习老师需要进行一次试讲。这堂课由大学指导员、高级教师以及来自其他学校的老师组成的小组来对实习教师的授课情况进行评估。在试讲之前，实习老师必须不断备课、接受顾问和富有经验的教师和同事的评价，以期完善每一个细节。随后，在正式给孩子授课前，实习老师还必须给他的同事试讲。

尽管美国实习老师在正式站在讲台之前也需要做大量备课、给同事做一部分的试讲，但多数师范专业强调，在真实课堂上给孩子或成人讲课是磨炼实习教师的技能和学会如何让学生参与到实质性的积极学习中的最好方式。他们认为思考总结自己的经验比分析其他老师的教师方法更有价值。

美国实习老师在观察高级教师课程方面，花费的时间不会超过一周。随后，他们开始承担一个接一个教师责任范围内的事情——点名、修改作业、分发作业，并向个别学生提供帮助。不久后，为了至少在教学工作的最后一周能够承担起几乎整个课堂讲授的责任，他们会给很小规模的小组上课，或者教授一堂很长课程的一部分。在小学，整个课堂的责任意味着教授所有的课目；中学则是在他们的专业领域内教授几个不同的班级。在我所工作的大学，实习老师会在两个实习期、为期8周的时间里全职工作在不同年级，通常都是在两所不同的学校里实习，这样他们才能适应不同学校的日常工作。一旦他们已经完成了教学实习，就必须依靠自己的能力在教学生涯中生存下来。因为他们几乎与其他老师隔绝，能够得到的支持和指导是少之又少。

在长篇讨论中美两个教育体系间的差异时，我的同事于振友，北京儿童早期教育专家，强调了中国实习老师、聘任老师通过观察课程从而学习、改进自己的教学水平的重要性。以行动为导向的美国体系排斥实习教师的教学要以观察为主。没有经验的老师需要马上尝试自己的教学技巧。因为在这个过程中，借助同事和在校导师的帮助、通过对自己实践的总结思考，他们才能学会如何教学。重点放在了学会自我批评，并想办法在自己选择的领域提高水平。

于振友不止一次用怀疑的口气问我："如此说来，实习老师和聘任老师不会在工作日有机会外出并旁听其他的课程吗？"从他和多数中国教育者的观点来看，接受来自其他人的批评和指导、学习、分析模范教师的教学方法是极其重要的。事实上，这种相互学习的过程已经深深嵌在中国中小学校的结构体系之中。

辅导和批评是中国师范教育的核心，包括经常性的细节观察以及对改进方法的建议。这不只是对实习老师如此，对所有的老师都适用。在开始被聘用的最初几年，中国老师被认为是新手。学校给予他们大量的时间来观摩专家教师、与之交谈学习技巧。依照美国的标准，几乎所有的中国城市教师的教学负担都比较轻。他们只教授几个班级的一个相同科目，其他的时间则在办公室和他们的教学团队修改试卷、制订教学计划、辅导那些需要额外帮助的学生。美国密歇根州大学的研究员里恩·佩恩说，在中国，老师期望能够完善自己的课程，需要"学习、实践、交流、观察和研究"。里恩·佩

恩已经在中国用了多年的时间采访当地老师、听课。"教学被认为是一个因为要实现诸多目标、复杂而艰巨的任务。"

佩恩说,中国的老师都想成为艺术大师。他们的艺术就是教学。通过全面学习自己学科的必要知识,并形成个人的教学风格,他们可以成就卓越。"所谓教学艺术大师,"她写道,"就是他对课文的技术性知识掌握得如此好,以至于在组织授课和授课时可以超越课文、将自己融入其中,并加入自己的诠释。"对于最有技巧的老师来说,讲每一课都是一次艺术性的展示。所有的老师都想如此。

因此,中国老师会因对所教科目的深层理解和通过提问、背诵、学习来帮助学生加强理解的教学技能而备受尊敬。这需要有对课文的的深刻分析并知道如何以学生能够理解的方式阐释概念。这与美国教师所处的环境差别悬殊,也不同于美国"有能力的人,做事;没能力的人,教学"的成见。尽管家长通常都很感激孩子的老师,但教学这个职业在美国并未受到高度重视。

美国老师认为上课应该超越课堂,延及世界,而不是为了更好的课堂呈现而不断练习或者对文章的细节进行深入理解。他们想办法将自己所教的内容与学生生活相联系、让其富有意义、帮助学生明白所学内容与自己息息相关。同时,老师们还花时间开发一些有意思的项目来激发学生的兴趣和想象力。此外,他们会鼓励学生积极地参加课堂讨论并提出问题。美国老师会把真实世界带入课堂——从青蛙和秋叶到特邀嘉宾、到与学习主题相关的附加书籍。而中国老师不会带来额外的材料。在 20 年间我在中国听过的所有课中,我只看到仅有一个苹果和几种蔬菜被用作教学的补充材料,而这却发生在一个小小的乡村学校。现在有很多家庭作业练习册,上面印着重复的文章和与老师上课所问问题只有略微差别的习题。但家长说尽管学校使用这些练习来让学生能够独立思考，但其作用却是微乎其微。当练习册上有的题需要补充信息时，只需从互联网上或百科全书上查询即可，并不需要学生有创造性的想法。

中国老师既没有像美国老师那样与学生构成的学习小组进行广泛的互动，也没有让孩子们积极主动地参与课堂讨论和课堂活动。在一些实行了新课标的中国学校，尤其是那些采用了小班教学的学校，老师确实是从一个小组到另一小组检查学生学习情况。但事实上老师并没有和单个的学生进行互动。中国老师是忙于整个小组并高度控制小组的活动。

学识，"使得老师对自己感到很自豪，并以此赢得学生和同事的尊重"，一名中国的数学老师马丽萍说，"老师被认为是掌握的知识远远大于所教授的课程。"她引用了一句流行的格言："如果你想给学生一杯水，你自己需要有一桶水。"中国的年轻人，尽管对其接受的严格教育有点失落，但是他们对老师却很尊重，因为老师展示了对学科知识的理解深度。"他们没什么创造力，也缺乏感染力。"一名年轻的大学讲师范浩在谈到教授他的优秀老师时说道，"但是老师们在自己的知识领域有着扎实深厚的学识。能有这样的老师，我很感激。他们并不很有趣，但我仍旧很尊重他们。"

这种对老师学识的尊重可以追溯到几千年前。最重要的传统之一——让学生背诵和解释文章——可以在那些由于科举考试成绩不理想不能进入官场而最终沦落为教书匠的老师们身上找到渊源。背诵和重复就是他们所理解的全部。里恩·佩恩说："在很大程度上，中国老师认为自己是知识的传播者，或者，对于那些更进步的老师

来说，老师的职责是帮助学生积极地掌握知识。"但是那些知识的掌握确实来自书本。在古代，这些知识是儒学经典；在现代，则是现在学生用来准备考试的课本。

一名学生在课堂上自发评论是不被允许的。我曾经采访过的一位年轻家长说："在课堂上，如果我读高二的儿子在课堂上表达自己的观点，老师会生气。如果他用自己的观点来回答测验题，他就会得零分。他只能在家提出自己的想法。"相反，多数美国孩子知道他们自己的想法和问题在课堂上是受欢迎的。许多美国教育者愿意看到更多开放式的提问和批判式的思维。中国人对美国的上课方式已经无比渴望。

中国师范教育的另一个基础是合作。它不仅贯穿于老师的一生，也能增强他们自身的基础知识和教学技能。这与美国的教学方式大有不同。为了深入了解中国老师如何把自己看作合作团队的一部分、互相听课，并分析自己的课堂效果，我花了很长时间。首先是教学实习经验，进而延伸到教师初为人师的岁月，然后是贯穿于他们整个职业生涯的永无止境的合作。而美国老师几乎得不到任何这样的支持。

中国老师互相合作的中心组织称为教研组。每个学校的教学研究小组每周都有一天的正式例会。教研组由不同年级和（或）不同课程领域的老师组合在一起，一起备课、讨论课程要求，评价彼此的教学活动。通常老师们在一个办公室工作，这样他们可以通过正式和非正式的交流来培养同事关系、相互指导。这个过程可以帮助老师们完善自己的课程进而达到完美。在教研组里经常由年长的、中年和青年教师组成，目的是实现"老带青"。这种安排能够使老师深化理解课程、加深学生对特定内容的理解。但是，一些中国教育者认为这个过程阻碍了变革，因为长期存在这样一种观念：那些年长的、更传统的老师来担任专家，新老师真正承担重任的时间就会被推迟。当年轻老师想将自己在大学学到的新方法带入课堂的时候，经常有人告诫他们要用年长教师所重视的传统方法替代新的方法。"这只能达成一致而不能变革。"于振友说。除了这种引导，教研组会让相关的团队对教师的职业能力进行检查。美国偶尔会尝试为新任老师和富有经验老师提供指导，但这些尝试往往随着财政预算的多少和管理者认为的重要程度而时有时无。指导并不是美国教师发展文化的组成部分。

　　中国管理者很有远见，他们利用这些教研组来执行全国教育课程改革的指示。我曾多次访问的一所学校的老师和管理者用两年的时间开设了一门很好的课程，并对他们的教学方法进行了长期的改革。作为校长和书记的朱艳琴说，他们是通过让老师参加地区性会议，在会上听取了专家意见，并对新的想法进行讨论后才制定的。随后，学校的行政人员和教研主任一起合作在本校范围内践行专家的观点。朱艳琴强调了教研小组在实施这一过程中起到的重要作用，尤其对年轻教师。"如果没有这些教研组，年轻教师就没法学会如何教学或如何提高自己的教学水平。"她说。她不明白，如果美国老师没有时间在学校内定期的碰面，他们是怎么进行备课的。在她所在的学校，有时是不同年级的老师一起开会，有时是不同学科的老师一起开会。他们会选定大家想商议的同一个主题或领域。听完组里最厉害的一个成员，也被称作"骨干教师"，所做的一堂示范课后，大家会一起碰面讨论。授课的"骨干老师"会解释为什么他

会这么授课，听课的老师则会提出建议。最后，他们讨论如何才能改进教学或授课方法，并在之后将此模式应用于自己的课堂。

总的来说，美国老师并不习惯这种实质性的合作。传统小学的教师都是单打独斗。一名小学老师说，她的学校在一定程度上已经开设了示范课。听课的教师师被要求陈述他们所看到的三个优点并提出一个"期望"。但她说多数听课教师只提到了他们看到的优点，因为他们不太愿意批评同行教师。另一名老师说，他感受到了学校其他老师的支持，但这种支持是基于不加干涉的相互尊重和别人都知道自己在做什么。在美国，中学教师经常会有不定时的规定备课时间，这样新教师也能有些偶然的非正式合作，但有目标的同侪指导在这一过程中却很少见。

大量的美国小学现在开始有了每周一次一小时的年级例会，通常都是在休息时间或让代课教师替他们上课。有时，这些小组会和学科指导员一起来解决课程中的问题，或一起处理特殊问题，但并不包括对课程的微调或批评。有些美国初中和高中每周有大约一小时的共同备课时间。这已经朝正确的方向迈出了一步，但仍需要更认真地对待。多数美国学校没有足够的人员和自由来安排像中国学校那样的教研合作。

总之，通过观察中国的教学，我已经意识到，美国老师并不知道他们课堂是如何的即兴和不紧凑，以及这种方式对学生的积极思维的影响作用。美国的课程是开放性的、即兴的，鼓励自觉与参与；中国的课堂是事先计划好的，通常进行过良好的彩排，要求学生根据已经完全学习过的或背诵的内容进行应答。此外，中国老师没有意识到他们的深度合作与互相的指导评价是他们所特有的优势。这些不同的教学实践已深深嵌入每个国家的历史和教学文化之中。每个国家的老师、管理者和政策制定者应该深入了解其他国家在做什么、每个国家教育理念的优缺点、如何才能改进。在此过程中，有一点需要谨记：二十一世纪需要学生思维敏捷，以团队合作的方式去解决千变万化的问题，并提出可行的解决方案。

中美基础教育大碰撞

美国教育专家跨国调研实录

EDUCATING YOUNG GIANTS

第十章

向大学冲刺

在我办公桌旁的墙上贴着一张报纸上的新闻图片，画面上蜂拥的人群围堵在一个教学楼前。在这个不知名的城市里成千上万的学生在参加高考。有些人手持标语鼓励子女和孙辈们；也有人闭着眼，双手合十做祈祷；还有人盯着远处，脸上写满了忧虑。这些显而易见的焦虑皆因考试而起，这场考试是由当地学校组织，并定在六月份相同的两天里于中国各地同时进行。在这两天里，交通线路会有临时调整，有的建设项目被叫停，因为有爸爸妈妈、爷爷奶奶、姥姥姥爷、叔叔舅舅、七大姑八大姨会站在那里张望等待，有些人会一直等到他们家的宝贝出现后才离去。

我采访过一位江苏省的考生，她的父母在这两天考试期间都在考场外等候，腿都站软了。她说："当我题目做得好时我爸就高兴，当我发挥得不好时他就难过，那时候我就得努力加油。所以知道爸爸站在外面会让我更好地去发挥，同时这也鼓励了我。"另一名来自北京的考生说她的父母都去陪考了，他们比自己还担心此次考试。最近有关考生的照片和评论让我想起了在中国多年的调研中，我见过很多父母都将自己的生活投入到成全其独生子女的成功中去了。而这份所谓的成功依高中毕业生们六月份参加高考的成绩而定。这个风险很高，因为毕业生们要角逐一流大学有限的名额，而这些大学又被父母们看作是将来能够为子女提供稳定工作的保证。

中国人对于大学的追求有种孤注一掷的感觉。中国的家长在晚年，经济上多依靠子女。因此父母和子女一样都期望很高。在美国，申请大学的过程也给家长和学生们带来很多的焦虑，可以肯定的说，尤其是在最后要接近申请截止日期时，实为抓狂。但这与我见到的中国父母的焦虑程度相比也算小巫见大巫了，因为在美国孩子可以有很多获取成功的机会，并且这些机会不受时间限制。首先，美国学生高中阶段有八个学期的时间来取得一个较理想的平均绩点。他们可参加一个预备的学术考试以备真正的 SAT 或者 ACT 等大学入学考试，而且为了取得理想的分数他们可以重考。此外，申请人所参与的各种运动、领导才能、能够展示他们性格的志愿活动、运动技能以及其他被大学录取官们认为很重要的价值观因素都会作为大学录取的考虑因素。为了给子女提供好的职业前景，美国家庭经济负担也是不断加剧，但这与在中国看到的压力有所不同，因为在中国没有一个对等的、庞大的公立或社区大学网能够为年轻人提供良好的职业机会。尽管申请大学所需的考试成绩和课外活动，以及日益增长的经济负担都会对家庭造成影响，但在中美两国这种压力的程度还是截然不同的。在两国，那些被大学申请所困扰的学生家长们都投身于子女们的备考中，并且经常会被其他父母的付出所赶超。他们是否意识到哪些活动能够赋予子女竞争力优势？在档案记录中哪样看起来更光彩吗？他们该如何让子女备考，是请家教还是上强化班？底线就是：各地的父母都想为子女们未来的成功提供最好的机会。

我曾在中国和很多大一新生聊过，他们都被江苏省一所一流大学录取。这三组中的一组有两个分别来自北京和江苏发达地区的女孩，一个来自中国西部省份四川的某个城市的男孩。对于高考我听过很多，高中生们花费多年为之准备，我想了解一下那些通过独木桥的学生们各自的亲身经历。

丽丽是一位非常自信的北京学生，她说高考对她来说不是很难"因为我上的是北京一所很好的高中，对我们来说压力不像其他地

方的学生那么大。在高考之前我们进行过很多次模拟考试。因此，当我们真正参加考试的时候就不觉得紧张了。感觉就和我们平时的考试一样。"

对于她这种淡然的心态，我非常惊讶但又没有多说什么。她还说在高三那年她们还用多种多样的方式备考，并非都像考试、练习那样无聊。"老师们也想出各种办法来让我们开心。"

露西来自富裕的东部省份江苏，她也描述了一下自己独特的经历。她说："我觉得我们学校和其他城市的学校很不一样，我们学校旨在培养全面发展的学生，有很多的课外活动，甚至在我们去年学习备考的时候都有。我们听过各种各样的讲座，也去过需要帮助的社区做志愿工作，甚至还看过电影。"

"这就是与其他学校的不同之处吗？"我问。

她热情洋溢却又肯定地点着头且指着丽丽说："我们俩都来自重点中学。"这些重点中学有政府额外的补贴，常被用来实验新课程。

小伙子陈看起来却闷闷不乐。虽然他来自四川省的一个主要城市，但中国中南部省份的学校资源比起江苏和北京要逊色很多。他说："我们所有的就是试卷和课本。在考试之前我们已有三年没看过电视和电影了。实际上，我多数的同学和朋友都没看过电视或玩过电脑游戏。因此到高三的时候，我们都很疯狂。除了备考我们什么都不做。在高三的时候，学校里有心理学家来做关于压力方面的讲座，但我只有幸听过一次，听了半小时。我爸妈非常担心我会抑郁。"

为了确保我听到的是正确的，我又问了一遍："为了备考，这三年你们只考试和学习了？"

那个北京女孩丽丽，一改之前的冷淡打断我。她比划着手势说：“是十二年，十二年来我们一直在为高考做准备。当我们上小学的时候，父母就教育我们要怎样通过入学考试。如果你想上大学，你得在考试的时候比别人考得好。上大学的唯一途径就是入学考试，并且在上学伊始，我们就一直在全力以赴地准备这个考试。从一年级就开始了。”此次考试可能对于莉莉来说更简单，她的准备也不是那么痛苦，但她也清楚地知道自己已经历过巨大的焦虑和不安。

我和很多毕业于其他高中的大一新生交谈过，包括一些在高考中失利的，他们花高额学费上了民办院校专科或者以低分被公立学校的专科录取。他们的故事不尽相同。被一流大学录取的学生会发现高三一年的学习强度是美国学生没法比的，包括偶尔的兴趣活动。中国其他高中的学生也是除了没日没夜的笔头功课，一篇接一篇的课文要背诵外，其他什么事情也不做。为了让学生熟悉考试形式和练习在压力之下集中注意力，所有高中都会在高三一年进行很多次的模拟考试。同时要求多数学生吃完晚饭后还要返校学习，在周末也是一样。来自农村的学生要上统一的寄宿学校，在高考前的三个月内不准回家，不准有人来访。

王睿哲是北京一所著名高校的学生，他说他们在整个高三阶段，每天学习都是从早上八点到晚上十点，或者到半夜。一周七天，天天如此。“那是重复性的学习。我们的主要目标就是要增强答题能力。”他需要提高语数外以及物理、化学、生物的做题准确率。作为一名数学与科学专业的学生，他要参加的考试注重理科。人文专业的学生要参加不同考试，他们的考试强调语文和英语，数学次之，还包括历史、地理和政治等课程，但不同的省份后面这三科会有不同。

一名来自中国沿海省份福建的大一学生被一所名校录取，她说

整个童年时期都花在针对这个考试的学习上了。她说在她们省份高考不像其他地方那么难，但是当她上了大学之后发现在学习上她落后于其他学生。她遗憾地说："我发现我们高中的教育不是那么好。"在大学里，她得比那些来自其他城市更好学校的学生学习更努力。

王睿哲解释说，在中国这是一个问题，尤其是在大城市以外的学校。多数学校都把焦点只放在让学生如何备考上。他说："他们的教育完全以考试为中心，因此学生除了考试内容外其他什么也不知道。我觉得在北京这样的城市要好一些，我就是在北京上的学。还有一些其他的大城市，在那也能学到一些考试之外的东西。"

美国和中国一样，对那些家长自身受过良好教育且对学校颇为熟悉的孩子们来说，似乎要比那些背景欠优越的孩子更容易上大学。家庭受教育程度低，所在学校规模大而大学申请指导老师较少的学生都得想办法去了解要被被录取的话哪些课程是需要学习的、他们的作品应该达到什么样的质量水平，以及需要满足一些什么条件。

中国的新闻媒体对父母过度强迫孩子备考的极端案例常有报导。我采访过大约 40 名大学生，他们都描述过父母对考试有不同程度的介入。有的学生说从小学开始就感觉到了压力。还有学生说父母监督他们做作业同时也理解他们所承受的压力。不过，如果他们在某一方面把学习落下了，不管父母多么理解他们，都会告诉他们学习要再努力一些。甚至会有家庭打算移民加拿大，目的就是让他们 12 岁的儿子避免高压下的高中生活。但在国内就读期间，他仍得每晚写四小时的作业，周末一天半的时间用来学习。一位成功的职场女性王文玉说，她的慈父曾因为她初中时成绩开始下滑，于是便把她和她朋友们的成绩做成图表。父亲一直这么做，直到她成了最优秀的学生。

那位四川的陈同学对考大学总的感受是："周围都是压力，我无法描述。如果你是一名优秀的学生，就得在考试中得高分，并且只有上名牌大学才能证明你自己。压力无时无处不在，在学校、在家里，也存在于我们这个国家的整体文化中。"

在中国，学生和家长们都将注意力集中在进入仅有的十所名校中，这样才能保证将来能在企业或政府部门谋取一份薪水可观的职位。竞争程度可比得上进美国八所常春藤盟校和其他排名靠前的大学了。但是差异是惊人的：每年近千万高中毕业生参加高考，但是无数人都瞄准了那十所名校的名额，而在美国，有 3800 所公认院校可供不到 200 万高中毕业生选择。

在过去的二十年里，中国政府一直致力于高校扩招。据教育部报告，2008 年参加高考的毕业生中有 57% 的人被大学录取，到 2011 年有 72% 的毕业生进入大学。自二十世纪初期以来，录取率已有了飞速的提高，而那时最乐观的估计也仅有 5% 的高中毕业生能够上大学。然而，父母，尤其是城市中产阶级父母认为多数大学不够好。很多父母坚持认为孩子们将来能够养家糊口的唯一途径就是能够上名牌大学或者有可替代的途径，比如去国外留学。

自我初到中国以来的老朋友云梅比别人更为详尽地向我介绍了中国的大学体制。她对此也非常熟知，因为她在南京大学授课几十年直到退休。她有两个孩子都上过大学。女儿在一所专门的远程教育的大学执教，母女二人同为专科院校编写讨一本教科书。云梅曾在夜校给成人上过课，也有朋友在名牌大学的二级院校执教。

除去大概十所一流大学外，如清华大学、北京大学、复旦大学

和南京大学等，就是师范类院校、理工类院校和许多其他院校。在此之外就是一些半私立性质的二级学院，它们附属于某些名牌高校但学费要高很多。仅次于二级学院的是高职、高专类院校，有些是公办的，如铁道类的，云梅说这类学校类似于美国的社区大学。最后就是完全的私立院校。

公立、私立大学，或金陵学院以及云梅的孙女上的大学都有两种学制：四年制，可授予文学学士学位，还有就是三年制，这种学制主要是面向就业，不授予学位。很多私立大学包括有名的西安翻译大学都不能授予学士学位。它们的毕业生必须参加全国性考试方可获得。

虽然中国的父母都积极地去研究大学以及如何才能被录取，但对于大多数学生来说申请什么样的大学，学什么样的专业还是需要高中老师做最后的决定。因为高中老师对于大学和学生的实力最为了解。多数学生都是在参加完高考之后根据成绩填报若干志愿。在每个志愿学校又得按顺序填报几个志愿专业。不同的专业排名不同。同一所大学的社会工作类专业在全国的排名就可能会低于该校的历史专业。王睿哲的第一志愿选择了一所一流的大学，但是他被录取到了该大学的第二志愿专业。很多中国学生和父母都会选择一流大学的冷门专业和就业形势不容客观的专业，而非二流大学的热门专业，因为她们认为上了名校之后他们的就业前景会有所改观。

美国大学的录取过程有其自身的缺陷和长处。最近我和丈夫刚收到朋友朱迪·赫伯特的电子邮件。这位精力充沛的母亲和一个女儿住在阿拉斯加，她写道："我们家的大学申请时期总算结束了。谢天谢地！那段时间真是太悲催了！"

早在一年前她曾写信说："我和杰西卡都处在申请大学的痛苦中。更确切的说我处在这痛苦之中，她也有所困扰。就在两周前她的生日派对上，我能感到她的同伴们都觉得紧张和困惑，有的甚至比其他人受影响更大。"

在收到大学确认邮件后，接受或拒绝的阶段宣告结束了。在这之后的一次电话畅聊中，她说说她们现在仍在解决如何支付杰西卡学费的问题。作为一名在多校和其他社会服务机构工作的教育工作者，赫伯特熟稔大学录取程序，然而她仍会觉得这个过程充满了压力、让人受挫，且很多地方都让人迷惑不解。对那些不知如何准备以顺利通过大学录取的朋友来说压力就更大了：有的错过了截止日期或者不得不放弃，只能让子女申请当地的州立大学，而这些学校的申请程序更为繁琐。没有被四年制州立大学录取的学生只能上当地的社区大学读一两年，在那里弄明白是怎么回事。

与中国不同的是，在美国申请大学的竞争是到了高中最后一年才真正拉开帷幕的。很多家长都会对大学做一些初步的研究，早一点敦促子女，但他们也会把注意力放在其他的活动和兴趣上。

美国家长知道除了最有竞争力的院校外，他们的子女也可以在其他很多院校里接受素质教育。虽然他们不会很快与世界五百强的公司签订合同或者从法律院校一毕业就进入某家杰出的律所，但他们仍可以从事一些充实而令人满意的工作。

在中学的头几年，多数有上大学意向的美国家庭会稍作努力打探一下大学的虚实。最初家长会去留意一下网站，在全家度假时去大学参观，时不时给孩子们一种截然不同的大学氛围。他们可能会与录取官进行对话，听一两次讲座，并尝试了解孩子们的兴趣点。

对没有上过大学的美国家长来说，会有一些公立学校的项目如"圆你大学梦"等来帮助家长和孩子们弄清楚上大学要修什么样的课程，什么样的学习习惯是修那些课的过程中要养成的。通常小学教师就会鼓励孩子们考虑上大学的事，因此他们开始认为这也是一种可能性。到高中的时候，学生多被分为两类，打算上大学的和不作打算的，因而课程也会不同。

多数美国孩子都会接触到很多课外活动，如游泳、篮球、美术、音乐，和旨在为孩子们提供一个全方位生活经历的夏令营，让孩子们尽情欢乐，亲身参与。甚至对于需要或想要学习额外课程的学生，学院暑期课程也设置了多种多样的快乐有趣的活动以创造一个积极的环境。对于上班族父母来讲，暑期课程和课外班非常必要，他们通常会根据学校对于学习、娱乐、安全的平衡来进行选择。中国父母也会为孩子们报这样类似的课程，但是很少会注重课程对于娱乐、学习和安全的平衡。美国家长通常尽量让孩子们增加阅历，让孩子在学会与人合作中体会快乐，开发各种兴趣。美国家长不像中国家长那样更注重孩子在这些课程中某一专项技能的开发。

很多美国年轻人通常在小时候就要学会自力更生。他们要学会打扫自己的房间，帮忙做家务，也可能是做饭、照看弟弟妹妹们或者是邻居的孩子们。他们可以通过修整草坪、修电脑或给别人跑跑腿来赚取零用钱。父母一直鼓励他们自己做决定，因此他们往往比中国的孩子更早地学会了独立。到高中阶段，或是更早的时候，很多美国青少年都会活跃在俱乐部、体育运动、社区服务和教堂团体中。很多学校要求学生有为社区服务的经历才能毕业。到高中阶段，学生们也愿意做一些兼职或实习来学习一些技能，增强责任感，并把手头的钱和储蓄用来交学费。

很多美国家庭在孩子们还在上学前班的时候就已开始准备大学的学费，希望这些积蓄将来能够支付部分大学学费。然而，多数学生都需要奖学金、助学金和贷款来支付昂贵的学费。

在中国，送孩子上大学对于中低收入的家庭来说是一种经济上的牺牲，并且亲朋好友凑钱供一个孩子上学也是很常见的。由于中国政府扶持结构的调整，过去公费的公办院校到 2011 年学费加住宿费一年在 6000 元左右（合计约 940 美元），而私立院校的学费要贵好几倍，尽管它们不能授予学位。2006 年中国家庭的平均收入约在 2000 美元左右。城市中产阶级家庭的收入要比这多。但是从收入的百分比上讲，美国的私立大学要贵的多。位于东海岸的常春藤院校之一普林斯顿大学和位于西海岸的太平洋大学到 2011 年每年的学费高达 53000 美元，其中包括学费、伙食费、住宿费和杂费。公立大学虽然相对来说学费低一点但也很高。加州大学洛杉矶和柏克莱校区的这两所面向加州居民的研究型大学，在 2012 年的学费是 30000 美元，并且预计可能会更高。纽约和亚利桑那州的州立大学针对州内居民的每年预计收费分别是 19000 美元和 22000 美元，北卡罗莱纳大学一年的学费是 28000 美元。非本州居民在州立大学的学费等同于私立大学。在读大学生为了收支平衡通常要好好地努力一番。

美国家庭都会在高一年级遇到所有这些问题，这时准备考大学的学生也完全忙于申请大学的过程中。选择总是会让人惴惴不安。将来会去哪？学费怎么付？是否还会有政府贷款？怎样才能有获得奖学金的资格？是运动特长？较高的平均绩点？还是专门

的兴趣和项目？

在美国有大约 3800 所公认的四年制大学，一旦学生们开始关注某些大学，他们也要权衡自己要主修的专业以及他们的长处和兴趣所在。对于多数美国青少年来说这些都非常模糊。即使那些对于他们的职业目标很确定的人也可能会在大一时改变主意。事实上，多数大学直到大二的学期结束时才会要求学生决定自己的专业。相应的，在中国要上大学的学生，为了更好地准备相应的考试，在高二时就得选择他们大体的专业——文科或理科。一旦他们被大学的某个系录取，他们需要修这个系里所有的课程，不管他们是否喜欢。换系和转专业都非常困难。

没有受过大学教育的美国家长主要依赖二手资源——朋友、亲戚和上过大学的邻居以及大学申请指导老师，而由于节省开支，大学申请指导老师也由少到无。此外，高中老师也愿意花费额外的时间提供建议。另外还有网络。但是对于不清楚什么信息才是重要的父母或学生来讲，海量网站会让他们束手无策。对没有上过大学、其中很多没有上过高中的中国家长来说，教育方面也依赖类似的资源，也面临同样的困难。

在美国，独立的大学委员会可以提供大量信息，但多数信息能够在网络上找到。尽管那些信息是专门针对大学入学考试而出售的，大学委员会的确为家长和学生提供了奖学金信息的链接和选择、准备以及支付大学费用的入门信息。在每个条目下也会有很多链接，各个链接又会提供一些其他链接：如何才能列出一些可能的大学清单，应该使用什么样的标准来敲定这个清单，并建议申请人将他们的选择限定在十所或者更少的大学范围内。还有单独的流媒体对大学申请流程的各个部分，以及如何写一篇有趣味性的文章进行指导。

由《美国新闻与世界报道》等机构和杂志进行的大学排名，可以通过对比帮助缩小选择范围：机构的大小，公立还是私立，最有名望还是最无名，以及离家的远近，然后就是八所常春藤盟校，国内最让人景仰的院校，也是最难进的学校，尤其是因为它们的声望能够给学生提供加入国家精英行列的路径。一位知名理科院校的学生（尽管不是常春藤盟校之一，但是也被 2011 年《美国新闻》列入全国十所名校）告诉我说他的一些朋友曾经瞄准一所名校，但当被拒时他们就彻底崩溃了。他觉得那不明智，于是申请了十所不同的学校，包括一所稳操胜券的州立大学和几所有名望的大学。他说尽管自己会有一些偏好，但能成功申请到其中的大部分学校他就已经非常满意了。他和很多其他美国学生一样追求有挑战性的课程，富有活力的大学群体（能够提供课程外之外的一些经历），实践调查，与教授们在实验室做研究，出国留学，社区服务以及在大公司实习和参加与兴趣相关的社团。这些在很多美国大学里都是有的。这些可以帮助学生拓展视野，让学生知道他们能够利用的新东西。

在中国，学生的未来寄托在一次考试的成绩和不够丰富的院校选择上。多数美国大学有很多的录取标准，从大学入学考试成绩到领导才能再到主动性。以下是加利福尼亚大学洛杉矶校区的网站上写到的除标准的高中课程和体面的入学成绩外，录取官所看重的素质：

申请人个人品质：包括领导能力、性格、动机、毅力、主动性、创新性、创造力、自主学习能力、责任感、洞察力、成熟，与表露出的对他人及社会的关心。这些素质可能在传统的学术成绩测试中

体现不出来，但可能会在申请表的某个地方看到，看到的人会认为这是可以证明申请人有能力进入加利福尼亚大学洛杉矶分校或其他学校的有利因素。

这让美国家长和孩子们陷入猜测中，搞不清楚为什么申请人被某些大学录取而不是其他的大学。

确切地说，尽管 SAT 或 ACT 考试成绩对申请多数大学来说是最基本的，但是学生们可以多次参加考试以获得最好的分数。而且其他的申请项目也占很大分量，如论文、大量的课外活动、社区服务，以及个人推荐信等。通常，了解很多大学入学要求的最佳指南是学校所提供的有关最新班级就读的情况。例如马萨诸塞州的艾姆赫斯特学院于 2011 年 9 月在其网站上发布了一些大一新生的分类信息，按照性别、不同肤色学生的比例、中学名列前 10% 的学生人数、优秀毕业生数量，以及申请人数与录取人数的比例等等。艾姆赫斯特学院与其他很多学院一样公布新录班级的平均入学成绩。拿 SAT 考试来说，加上阅读和数学部分的平均成绩是 1500 分（1600 分就是满分了）。并且他们会给出一个分数范围，也包括低好几百分的分数。从这类数据中，申请人基本上不能预测自己是否能命中某一大学。

要具备在美国申请大学的各项要素是一种挑战。学生必须寄出高中成绩报告单和考试成绩，找人写推荐信并确保寄出，写一份有关个人成绩及课外活动的生动描述。最后，学生必须至少写一篇论文或个人陈述，而且因不同的院校要求不同通常要准备好几份。

中国学生在高一高二时的目标就是掌握这次全国性考试的信

息。在美国则需要将关注点放在开发学生多项才能上。若想读大学，当然从一开始就要好好学习。但在美国的学校有更多的自由，成功的方式也有多种，学生可与老师互动问题，完全参与到学习中。打算上大学的学生要写一个简历，不仅仅是功课学习，还要有其他能够吸引注意力的表现。如果一名高中生创过业或是能谱曲写歌，那更有可能被大学所注意。

某精英理科院校的大一学生，正从事一个小型本科生项目，他告诉我说他很肯定自己之所以被该大学录取就是因为他高中时的研究项目。他说，与学校里较高的平均成绩相比他的 SAT 分数并不是很好，但是高中时他曾被接纳参加过一个大公司的暑期研究项目。团队是由一名大学生和一名研究生组成，他协助开发一个生物科技工程的软件。有一名导师会指导他们，但是公司希望他们能开发出有用的软件。他说这是他一生中最有价值的暑假。因为在高中毕业前他已经学会了做专业研究，学会了与人员复杂的团体就相同目标进行合作。在初中时，他与其他同学组织过步行马拉松以及其他的活动，目的是为印度贫穷地区的孩子们募捐。在他的带领下那个项目一直做到高三，这些事情录取官们肯定会注意到。

我采访过几位美国学生，他们申请了约十二所大学，每所大学都有不同的要求。即使是那些有相同申请程序的大学也会有额外的要求——不同的截止日期、额外要写的论文以及对综合成绩的侧重。朱迪·赫伯特说让她女儿跟进好这一切是个挑战，尤其在她课程繁忙、要跑步还要做其他项目的时候。赫伯特最后制作了一张表格记录下所有目标院校的要求。

从高中向大学过度对很多学生来说都不容易，但是与美国学生

相比，中国的学生似乎会感觉更有挑战性。美国学生则会更多地将其看作是开拓视野、发掘个人兴趣和才能，以及学习销售技巧的一种方式。他们渴望拓展智力，加深对宏观思想的理解，或者就一些话题深入发掘。通常他们开始都要修各种各样的课程，同时就不同的领域进行探索，然后慢慢锁定某一专业。他们体会着作为一名成年人的自由，但还需要一些时间学会控制好，而平衡学习与社会生活并非总是易事。

在中国，从高中向大学生活方式的转变要剧烈得多，因为美国学生多年来其实一直在平衡学习与其他的学校活动如俱乐部、体育运动、乐队、学生会、兼职工作、社区志愿活动、教堂活动以及体育联盟。

很多中国学生对大学的想法是相反的。高一年级开始的时候，他们就准备着，努力在高考中得高分，到了大学之后他们就可以放松了。中国东部沿海某大学的一位年轻教员说，高中老师不断地告诉学生只要他们通过考试进了好的大学，他们就不需要这么努力地学习了。但是一旦上了大学，他们还是要学习。他说学生往往因此很沮丧。中国的学生也会觉得突然的自立让他们很束手无策。某大学一位高年级学生告诉我说，要学会自己掌控时间很难，因为在整个上学过程中，尤其是在高中，我们的每一分钟都是被安排的。

那位四川的陈同学描述得很到位："在中国，我们上小学的时候父母就告诉我们只有学习才能改变命运。但是现在我上了大学，仍然不知道如何通过学习改变命运。"他说，值得高兴的是他成功被名校录取，但是沮丧的是前途依然迷茫，尤其是他从认识的学习很努力的毕业生那里得知，找工作非常困难，部分因为全球危机，也因为大学里培育出的他们专业的毕业生超过了需求。

　　一位河南省的大一学生说，他前十几年一直在准备高考了，等达到目标后真不知道该何去何从。"在大学可以说压力更大。我们得自己决定参加什么样的活动，这都是我们自己的。但是我没有过这样的经历，也不能充分利用自己的时间，因而浪费了很多时间。"

　　多数美国大学生也需要学会安排自己的时间以进行高效率的学习，但是到高中毕业时他们与中国的同龄人相比已经有了更多的相关经验。

中美基础教育大碰撞

EDUCATING YOUNG GIANTS

美国教育专家跨国调研实录

第十一章
对想象力的关注和鼓励

中国的教育家和家长都抱怨说孩子们很少被鼓励着去发挥想象力，或者发掘他们的创造天赋。一位语言学教师徐蕾仍旧记得她上二年级的时候体育课因故泡汤了，老师通过讲故事来打发时间，也让孩子们来讲述他们的故事。她积极热情地举起了手。老师问她打算讲什么故事。当她说是一个自己编造的故事时，老师严辞拒绝说："不行，你不能讲这类故事。应该讲我们都知道的故事。"

徐蕾这位两岁孩子的妈妈也是我们学校的访问学者。她说："我仍记得当时很沮丧也很丢脸。二十五年之后印象还是那么深刻。中国的孩子很早就被束缚了。"

我从中国朋友和同事那里听到了很多相似的故事。这就很容易得出一个非此即彼的结论，即美国的课堂充满了想象力，而中国的课堂抹杀了创造力。但是教育就像生活一样，其实更为复杂。在美国，谈论创新很普遍，而且学生通常都会有很多机会表达观点，在课堂上也比中国学生更多地参与课堂活动。然而美国学生的教科书后面都会设置一些非想象力的练习题和一些琐碎的问题，而批判性思维或者创新性解决问题的课程通常被省略。如果说中国的教育体制完全地扼杀了创造力也是不正确的。尽管很多中国父母说在家里要培养孩子的独立思考，因为学校将注意力都放在了考试成绩上，但是在过去二十年里我也曾看到过轻松的中国课堂教学，至少在小学阶段是这样的。另外，有些市区学校提供越来越多的美术和音乐课程。尽管这些美术课通常只关注学习技巧，他们也允许学生有一定的自由表达。

基于我作为教师和研究者的经验，我相信两国都将更多地从想象力与学习材料的结合中受益。当学生参与其中时，你可以在他们的眼睛里、从他们的手舞足蹈中感受到。当他们无聊之极时，那种活力也荡然无存。

你可以看到学生们在把一个故事的思想或是一个人的经历和他们自己的体验结合起来时，或当数学老师让他们利用 x/y 坐标图来寻找新的课堂任务时是多么兴奋。重要的学习产生于一遍又一遍努力修改论文后与全班的分享的过程中，或是经过小组计划完成一个项目，在对糖尿病进行全面的研究后给同学们讲这种疾病是什么时。当孩子们学习到如何用电池和电线点亮灯泡以及他们改变变量时会发生什么时，你会感受到他们的积极和投入。但这也并不意味着学生需要赞美或夸大的赞扬，尽管这种快乐会刺激和增强学习。应当鼓励他们用自己的能力和知识完成更多有挑战性的事情。前苏联心理学家维果斯基（1896–1934）认为，当周围的学习环境具有挑战性并展示出新的可能性时，学生的认识就会突飞猛进。我曾在美国课堂和一些中国课堂上目睹过这样的情况，它能激励学生积极地参与进来。但是这样的机会在美国变得越来越少了，因为法律要求以试卷量化的形式来改善学生的表现，而这种机会在中国的大部分学校是不存在的。

在过去的很多岁月里，我经常被中国的老师和家长问及这样的问题：他们如何才能在孩子们的学习生活中发挥更多的创造力。他们不仅仅是对中国传统狭窄的教学大纲和占统治地位的考试制度感到沮丧。甚至李建华，因优异的教学和创新力而著称的北京某重点高中的校长，也认为考试高分与知识的运用、掌握和转换是有区别的。尽管他的学生们的数学和科学成绩为西方人所称赞，但他认为他们的教育还是不足。他告诉《教育周刊》的记者西恩·卡瓦纳说：

"表面看来，中国学生在数学和科学上取得很高的成绩，但是他们并没有理解数学和科学的真正含义。"他补充道："数学和科学是分析性工具，用来探索世界的。中国人把数学和科学看作是改变他们命运，而不是探索世界的工具。"李建华又说，中国的数学和科学毕业生应该通过做研究来理解自然或人类现象的本质，而不是制造小玩意儿。在他看来，这将会陪养出珍贵的想象力，这是目前为了考试而强调的死记硬背所实现不了的。

一位来自中国南方的青少年，是亚特兰大西北部一所公立高中的交换生，她告诉卡瓦纳说尽管她美国同学的数学和理科水平赶不上她的中国朋友，但是她的美国同学有更多的自由上选修课程并且也可以学习如何领导。他们不害怕提问题或者答错问题，这不像中国学生，"他们是真正地享受学习"。

在美国课堂的最新观察期间，惊讶于他们与我所见到过的中国最灵活的学生间的差异。即使是在美国最传统的学校里，这种不同也是显而易见的。尽管这些美国传统学校对考试很强调，但师生间的互动与中国的学校相比依然更随意一些，也更乐于激励学生拓展思维。在洛杉矶附近的一个闹市区，我看到有位老师给三年级的学生创造了一种丰富多彩的学习环境，将严谨的技能培养与魅力十足的项目交织在一起。依照书面指导，在校长允许使用的条件下，玛丽·诺瑞斯引导孩子们投入到讨论有关北美货币制度如何演化的阅读任务准备中。这本小书讲述了正常的货币制度产生前出现的一些争论和误解。孩子们翻阅了整个故事，浏览了一些图片，掠过了一些生词，对整个故事叙述有了一个整体的了解。然后诺瑞斯请孩子就这个故事提出一些问题，这个阅读项目叫作"好奇发问"。

一个男孩问："在哪儿才能找到金子呢？"

诺瑞斯问全班："你们知道答案吗？"当有些学生说金子来自地下和岩石时，她说："如果你们提出的问题自己能够解答的话，就说明这不是你真正感到好奇的事情。"

另外一个学生指着故事中的人物问："为什么人们要打架？"诺瑞斯回答说他们需要通过阅读或者通过其他方式调查后才能回答，而且这肯定是一个让人好奇的问题。得到鼓励后，其他同学也开始提出问题：

"为什么现在的美国和很久很久以前的不一样？"

"为什么人们用贝壳而不是和我们一样用钱呢？"

"为什么钱是由金属进化而来的？"

有些学生开始和周围的同学交流想法，同时也有其他学生举手向全班阐述见解。

诺瑞斯允许孩子们暗地里分享，这样可以给那些不是非常自信的学生一个表达观点的机会。在短暂的课程之后，有三分之一的学生都提出了他们的观点。老师把一些开放性的问题写到纸条上然后粘到公告栏上以供孩子们在接下来几天的阅读中回答这些问题。

这种建立很多联系以加强学习的方法在我同事杨冬艳儿子的身上得到了印证，他在父母做交流教师期间在密歇根一所高中读完了高二。这位少年十分热爱他的物理课程，因为他需要将学习的理论应用到实际的实验中去。在回到中国后的两年里，他仍觉得很神奇。不仅科学理论可与实践相结合，在其他课堂上他也可以从很多的课题中选择一些项目，然后从大量的资源中寻找信息并检验它们的正确性。而且，老师鼓励他就一些话题形成自己的观点。他说，通过

这种学习方式，他所获得的知识比在中国记忆课文获得的知识更多更持久。

美国的教育者在尽量避免类似的重复性学习方法，以仓促的提高标准化考试成绩方面。我也曾看到过这样危险的事情，要求教师使用高度控制的课程，将注意力集中到为考试所做的准备上。

近来，我拜访了洛杉矶东部一所学校的老师，我对她们学校一年级的观察有多年了。一直以来，她成功地让学生们在发挥想象力的同时也增强了技能和学习能力。而现在，行政人员要求老师必须按规定大纲完成课本的语言学习，她觉得保持孩子们的兴趣很费力。那天一开始，她就上了一小时的数学课，一半是讲授课程，有学生参与；一半是练习，是对她所教知识的应用。紧接着就是两小时的语文课程，中间只有短暂的休息，几乎课上所有的时间都用来训练技能了，比如各种字母组合的发音，分析如何将词汇拆分成前缀、后缀以及新词汇的学习。只有一刻钟的时间花在故事的阅读上。实际上，这个课程对学生来讲没有任何想象性或有意义的语境。在他们看来，纯粹是为了学习技巧而学习，与他们的生活毫无关联。

在过去我曾看到这位老师为了使课堂更有参与性使用了很多的方法，但是现在不再允许她这么做了，因为行政管理人员认为这会让学生们在备受关注的硬性年度测试时分散注意力。通过对她以及很多其他老师的观察，我明显地注意到这种控制性的以课本为中心的课程不仅削减了教师们的热情，也减少了学生们在学习过程中的参与。

位于城市另一端的是一所特许学校，教师不用按部就班地上课。每天早晨，在一个由四年级和五年级组成的班里，孩子们簇拥在一个他们几个月以来一直在构建的洛杉矶河的模型周围。该项目起始于对该河流的郊游考察，在那里生态学专家向同学们展示了它是如何复原的。教室里的河流模型是将从河里取回的水放入一个放在高处的水箱里，里面有一些当地的植物，水流沿着曲曲折折的水道流进另一个玻璃缸里，这个里面有一些小龙虾和河床上生长的植物，然后水又被水泵抽回第一个水箱里。孩子们密切注视着小龙虾在水箱壁上爬来爬去，对部分模型进行调整，这时他们的老师准备开始上课，还要注意确保孩子们和小龙虾进行恰当的互动，不要用肥皂清理水箱。对于什么时候进行干预，她有第六感。这个项目的目的是为了研究河流的各方面，包括河流沿岸呈现的历史纪元。在学生们研究加利福尼亚历史的不同时期时，河流模型沿岸的风景随之变化。两位老师负责一个60人的班级，他们将这个河流工程与国家的课程标准认真地联系到了一起。通过把孩子们带到河边，把生态系统中的某些成分带回课堂而不是仅仅教授教科书，他们为生物学、生态学以及历史赋予了活力。他们让孩子们充满想象力地参与其中，并将那些课程以可感知的方式与目前的问题和社区联系起来。

有一次在访问这个班级时，我注意到有些孩子为准备自己的写作，阅读生态主题的读物。上课的铃声还未响起，学生们都在教室了，并渴望能参与到活动中。的确，他们要做语法、数学运算方面的练习。对于其他要求和标准，他们也得为了熟悉考试形式而参加标准化的考试。但是多数时候，这些孩子都。得益于他们综合性、创造性的课程，学生们的考试成绩也没有受到影响。

一直有中国的家长和教育者问我如何将创造性纳入课堂，融入孩子们的生活。然而当我问他们希望有什么样的结果时，他们通常

说希望取代以考试为目的的学习，而不是向我描述他们希望看到什么。在美国，创造力的定义遍地都是，但人们一直乐于尝试，多数人能够很容易地指出他们的孩子或者别人做出的具有创造性的事，如一个描写多色毛毛虫的故事，一种不同寻常的描述事物的方式，英语课上的一篇叙述性作品，两个历史人物之间的虚拟对话，做个小买卖，或者为邻里的孩子们办个辅导班。在家庭和教室之外的世界里，他们也能轻而易举地指出一些梦想家诸如弗兰克·盖里（解构主义建筑师），电子学方面的技术进步或者某种艺术和音乐如何感动了他们。

我开始意识到自己需要确切地了解中国的教育者和朋友们是如何定义"创造力"的。教育部监管着中国所有的教育，也通常将教育限定在经济范方面，主要视作是一种能够创造出原创性发明和研究的能力。早在1998年，教育部发布了一项行动规划，开头的文字是这样写道：

> 目前，以及不远的未来，缺乏具备国际领导力的创新性人才已成为我国发挥创造力和竞争力的最大限制。

该项计划强调，朝向知识经济的全球转变将会在人类经济社会生活中产生巨大的变化。计划中继续写道："在即将到来的21世纪里，以知识经济为核心的新兴高科技将占据最为重要的位置。"社会生活将越来越取决于教育发展和知识创新的水平。

中国政府已经清醒地认识到，他们需要继续激发更多创新性教育、远离死记硬背式学习、远离只从课本中找答案的问题。在1998

180

年初的建议之后约一年，教育部开始提议课程改革：

> 在人才培训方面必须改革。为了鼓励学生的独立思考能力、创造能力以及创新意识，我们必须热情地开始使用启发式教育方法和讨论。我们必须让学生意识到并且理解知识产生和发展的过程；我们必须培育学生的科学精神和创造性思维习惯；必须强调学生收集和管理信息的能力、获取新知识和分析解决问题的能力。

紧接着便是对课堂实践进行的严肃认真的改革。在每个省份，一流的学校都进行了教材现代化的改版，教师进行再培训，其他学校也慢慢开始。然而，我不断被问到的问题说明家长和一些教师希望看到更为深远的变化，但这需要对考试要求进行大的改革。1999年课程改革去除了小升初考试，但是中考和高考依然存在。

和我有过多次长谈的董艳担心不会有大的变化，等中国的学生上高中时再去学习对他人的意见要进行质疑、养成真正独立思考的习惯已经来不及了。她说很多父母仍旧一遍遍地告诉他们的孩子："你的任务就是学好课堂内容。"

2011 年，我采访了十位我认识多年的家长的和教育工作者，问了他们很多开放性的问题，目的是为了弄明白他们所谓的"创造力"是什么意思。他们往往非常严肃地思考这些问题，在回答之前静静地想好长时间，对于如何描述创造力不是很确定。通常他们会提到一种与常规稍微有点不同的学校活动，比如王艳的女儿主持的天气预报，就不局限于课本等。

我认识的一位母亲的儿子上了一所外国语初中，这所学校比其

他学校有更丰富的课程，并且要求学生每天在不同的课上做报告，陈述他们自己的观点（根据我的经验，这肯定是特例而不标准的课程要求）。另一个母亲提到自己的孩子在同学的帮助下为校刊筛选文章，并在老师的指导下进行编辑。其中有很多的活动在我看来是学习责任感和领导才能的机会而不是进行创造性表达的例子。他们给了学生一些接触新事物和拓展视野的机会，并且在那个意义上这些活动也融入了他们的热情。但是学生们在思想上真的受到挑战了吗？

创造力这个概念似乎在中国以传统为基础的文化里显得非常另类，以至于当我问他们在家里提供什么让孩子发挥想象力和激发创造力的机会时，他们非常犹豫。他们提到一些和孩子一起做过的事情，但并不认为这算是真的有创造力。不过我倒是觉得他们描述的很多活动能够开发孩子的想象力或者激发创造性思维。

比如有一对夫妻鼓励他们上高年级的孩子参加各种的活动，有各种的经历，然后再进行讨论。他们观看"探索与发现"的纪录片和国家地理频道（的确，在中国能够看到），邀请各种人到家里做客。他们购买乐高产品，这是男孩的爱好，还有科学方面的书籍。当我上次拜访的时候，男孩在用爸妈的窗台试验各种土壤种植植物会有多成功。那位叫高前的父亲和儿子会乘坐火车或者公交车做一日短途旅行，去探索"新大陆"。尽管儿子喜欢这些短途旅行，但是高前并不将这看作是发挥儿子的想象力。

我的同事杨瑾是大学英语教师，她认为孩子必须是积极、独立的学习者。她想让她的女儿能够搜集各种信息并且进行恰当的分析。她和丈夫经常会问女儿一些有关阅读的问题以鼓励她深入思考，并将她读过的内容与其他话题相联系。当这个女孩阅读毛泽东自传时，他们问她："你觉得他的学习经历怎么样？高效吗？"杨瑾解释说他们的目的是："学习应该提高综合能力、应变能力，对事物进行探索不只是记忆信息或者是成为一个录音机。"

在我采访过的所有家长和教师里面，杨瑾似乎是对于如何有效地激发孩子的想象力最为自信的。比如，在一二年级的时候，她女儿就写了一些原创的故事并且附有插图，发表在当地报纸博客的儿童板块上。她和丈夫提议说如果女儿完成足够多的故事的话，他们会整理汇编成一本小书给那些没有太多书看的孩子们。

对杨瑾的背景进行进一步的了解后，我发现她是我所知道的中国教育工作者中所经历的研究生教育最具有创造性的。她们的英语系主任曾邀请香港大学的一个教学组在为期一周的学习营活动中教授英语精读课。她们被分成小组，她和一名香港学生每天得创造一些口语活动和游戏。如果队员不知道重要的英语单词，同伴就得设计各种方式教他们。杨瑾说这对她来说是一种全新的体验。她和同伴"得绞尽脑汁想出各种办法，然后说服香港的同学他们能够做到并且非常有用"。

我的朋友刘建涛有个上初中的儿子，对他而言创造力就是"与别人想得不同的能力"。然而在中国，从低年级开始，刘建涛说："如果一个孩子有个新奇的想法，那么老师会说这是不现实的、那是不可能实现的，因此中国的孩子会把他们新奇的想法看作是问题而不是一些有创造性或是令人兴奋的事情。"

我觉得这可能更为复杂。谈论中美社会文化差异的中国教育者强调，在他们的国家，与众人保持一致是很重要的。尽管有位父亲曾直言不讳学校的枯燥，但他也相信对于他儿子来说"不要与众不

同很重要，那样做会给孩子太多的压力"。相反，他和妻子在家里却鼓励孩子要有好奇心，在学校要与大家一致。

范好是某名牌大学一名年轻的英语教师，她指出西方主张表达个人观点的传统在中国历来就是危险的。当她问她的本科生过去都被教导了什么时，他们异口同声地说"随大流"、"不当出头鸟"，尽管仍需要优秀。范好说："这种态度使得人们对批评的容忍度更小，如果团体内部有人进行批判，接着就会有人问他'你是中国人吗'，这种暗示就是如果你是中国人就不要批判其他的中国人。"然而，如果中国的教师能自由地相互批评会怎样呢？如果美国的人以坚持个人立场为豪的话，那为什么美国的教师避免批判他人或被他人批判呢？

在对中国北京和广州两大城市的 451 名本科生的研究中，伊丽莎白·路德瓦茨和岳晓功发现大陆的学生对于创造力的核心特点与西方人的看法很相似。特质如下：独创性、创新性、观察和思维能力、灵活性、愿意尝试、自信以及想象力。然而，与很多的西方人不同，他们对这些特质的优先级定位并不高。换句话说，尽管学生对于创造力有相对类似的观点，但是他们并没有重视这些品质。只有一个"良好的思维"在七个特质中被放到了第一位，被认为是中国人应该具有的最重要的品质。"想象力"和"个人主义"的特质被排到了最后。这些发现与来自香港和台北的毕业生很相似，在研究中加入其他城市是因为他们的教育制度与大陆有所不同。

事实上，创造力涉及到什么？能不能教授？有些人说不。另外一些人说创造力是天生的。艾里克·马塞尔是一位创造力教练，他认为每个人都有创造力和想象力的潜质。潜质是否能展现出来就是另外一回事了。很多人认为创造力是可教的或者说是可以培养的。一位自二十世纪六十年代就在美国从事教学的匈牙利心理学教授米哈里写道："关于创造力的真相要比很多已经宣告过的过于乐观的陈述要困难和奇怪得多。"

一方面，某种想法或产品能够贴上"创造力"的标签也是多种资源共同作用的结果，不仅仅是来自一个人的思想。在环境中通过改变条件来增强创造力要比努力使人进行创造力的思考要容易得多。然而真正有创造力的成果几乎从来就不是一蹴而就，或者黑暗中偶然闪过的白光，而是来自于多年的努力。

《孩子心智的成长》(Your Child's Growing Mind)一书的作者简·海利谈到了创造力的一些特质。她说在教育背景下最重要的特质就是在活动中能全身心投入的能力，能够将事物或观点以新的方式结合起来的能力，以及独立做决定并且能够执行下去的能力。洛杉矶的奥蒂斯艺术与设计院的老师认同以下几种必要的特质：冒险精神、充沛的精力、内心的控制力（外在控制仅是吸收他人的观点）、内在的原创力以及人物扮演。

米哈里又补充了一个关键要素，对于多数人来说思想往往是在与人交流的过程中碰撞出来的，并且有创造力的人"尤其擅长安排他们的生活，以便无论他们做什么、什么时候做、谁一起做都能使自己有最佳的表现"。这当然需要掌控生活的勇气，并且在学校内给学生增加合作以及独立思考、独立学习的选择。能够找到确定的或者可预知的解决方案，能够积极地将与众不同的想法加以实

现——无论以个人或合作的方式——在当今世界都非常重要，并且在已开始的 21 世纪的数字化世界里变得更为关键。

　　尽管很多教育家、心理学家和其他对培养小孩潜力感兴趣的人相信培养创造力最重要的时间段之一是在早期，耶鲁大学的研究者牛卫华和罗伯特斯·特恩伯格认为创造力可以在一个人的任何年龄段得到加强。他们就专门的指导规范能否改善中国学生的艺术创造表现进行了很多调查研究，且已有了不俗的结果。在一次创新活动中，牛卫华和罗伯特斯·特恩伯格为北京一所职业高中的学生们提供了与众不同的指导。基于他们以前的研究以及其他人对中国文化本质的研究（尤其是关于集体主义的重要性以及对与众不同的恐惧），他们推断，告诉小组成员应该尽最大努力进行创新，可以减少他们对突破常规的犹豫不决。

　　他们与该校的 96 名学生一起合作，大约 40% 的学生学的是与艺术相关的专业，如美发、裁剪以及雕刻，其他学生主修英语和计算机技术。他们被随机分成三组，给每组几包相同质地、不同形状的彩色贴纸。但是对每组的要求在确切程度上有所不同。第一组仅告诉他们用这些纸做个设计。对另外一组的补充要求是"尽量要有创造力"。第三组是在对第二组的要求上外加这个要求："为了有创造性，在需要的情况下对于这些贴纸你们可折、可撕，因此这些材料的形状和大小不会限制你们创造力的发挥。"最终的设计结果引人注目。要求"尽量要有创造力"的小组和进行了详细要求说明的小组设计的作品要比那些简简单单告诉他们设计一个作品的小组的作品更有想象力。学生们的课程学习没有不同。这些发现表明，仅仅创造一个引导性的环境（至少是为大一点的学生），就可以帮助中国的老师们鼓励学生们突破常规、发挥创意。

如果中国考试制度能够进行大刀阔斧的改革，加之中国政府在教育方面提出的改变，一定可以促进创造力的提升。这实际上已经开始发生了。从 2008 年开始，教育部试点性地允许一小部分大学可以使用考试以外的其他标准或者在考试基础上附加别的标准来录取 5% 的新生。例如南京有些外语学校的学生就不需要考试。同时，在教师教学方法的改革方面政府已做出了很大的努力，尽管过去十年的变化有一个有小到大的渐进过程。

在中国的中北部，远离文化中心北京，位于黄土高原边上的一个叫安上的小村庄，我看到老师用孩子们认识的材料进行实验，如蔬菜、各种冰箱的图片、洗衣机以及其他的物品，帮助把数学和语文课与孩子们的日常经历结合起来。他们告诉我这与过去传统的以讲课为主导的教学方式差异太大了，以至于他们有段时间很难理解应该怎么做。

安上村的老师描述了他们在县城参加的有关新教学理论和实践的小组培训会。其间没有详细展示，听完之后他们基本不知道该如何改变教学实践。为了更好的掌握相关概念，此后又在临近的城市听了观摩课。这些教师对于改变他们的教学方法很认真，尽管仍然要为了考试而教，但是他们现在向农村的学生所教授的远比我几年前在他们学校看到的要有意义得多。当然很明显，这些老师负责的班级都有很小，一般 12 至 15 人，因为随着父母去城市务工和出生率的下降，农村的人口也越来越少。

在中国安徽省，学校进行了合并，把几个村的孩子集中到一起，教师们讨论了他们对于改革的困惑。他们也参加了关于让学生参与

小组学习的讲座，也提出了很多困难，因为他们不知道如何去做或者将会有什么成果。他们说，在一个五六十人的班级里，把学生们分成几个小组这种做法其实是浪费时间，因为他们没法照顾到所有的小组。我意识到在分组方面老师需要指导——对于大班级的学生而言何时可以让学生卓有成效地参加小组学习，什么样的活动能够使小组更明显地受益。此外，他们需要帮助学生理解在这样的环境中如何学习。为了使教学实践改革更有意义，这些老师也需要更多专业上的成长。

但是到 2011 年，除了像安上这样的几个特例，我去过的多数班级事实上都没有变化，只是在表面上做了一些调整，如对学生稍微进行表扬或小组学习过于紧凑，以至于学生们仍然被牢牢地限制到了课本上了。

在城市地区，所谓的"小班"学校变化最大。与重点学校超员的班级（一个教室四五十个学生）相比，实验性的小班学校每个班不超过 24 个学生。最近，我在一个这样的教室里听了一堂不用教材的数学课，学生以小组的形式学习。这位老师正在演练一堂公开课，以便之后她到该城一个大校区给其他老师做演示。与传统的课程相比，虽然程度有限、小心翼翼，但这种小组学习的方式还是可以让学生持续参与到实践中去，帮助他们理解一个几何概念。然而，老师的最终目标是让他们完全按照课本上陈述的那样去定义概念。学生的参与度比我多年前见到的要多一些了，而且学生的想象力也有所发挥，但是活动还是被老师紧密控制，一步一步地达到预期的正确结果，基本上没有独立思考的可能。

有趣的是，尽管在实践中这些新的教学方法经常只是在表面上与之前的课程不同，但是已有了强烈的反对声。那些学校的很多父母抱怨说这样的教学与高中和高考都不能紧密联系。甚至连我认识的一位对中国教育持批判态度的家长都在努力为她学龄期的儿子寻找一所能够负担得起的外国学校，她说新的教学方式"极不严肃，活动太多"。

如果说冒险和展示出独立性是创造力的特点的话，在美国这些特点很早就被强调和重视。蹒跚学步的小孩可以不扶，走得不稳，然而中国的父母和祖父母却要指导学步的小孩走好每一步，因此他们不会绊倒，或者失去平衡摔跤。我的一位同仁黄仁松是中国知名的早教专家。她多次前往美国拜访，观察到美国的孩子有更多的自由，也比中国的学前儿童勇敢得多。多数美国孩子可以自由地涂涂画画，但只可以在纸上。父母通常会鼓励孩子们问"为什么"，鼓励孩子们提出质疑。尽管有时候他们的父母也可能会说"你得听我的"。在美国的学校里，老师可能不允许学生们问为什么他们需要排队或者为什么需要做作业，但大部分老师会鼓励学生们问为什么有些事情会这样或者故事中的各个角色有何不同、为何不同、还能怎么不同。

中国孩子的学校生活和家庭生活因各种各样的原因迥然不同。尽管中国正经历着快速的变化和经济发展，但是很多传统依然在中国人的日常生活和教育中根深蒂固。课堂技巧需要适应 21 世纪发展的需要，美国和中国可以互相学习和借鉴某些做法，但是教育改革无法忽视每个国家的传统和文化。

第十二章

迈向未来：孩子们准备好了吗？

　　从幼儿园开始，学生们就必须学会学习的方法。琳达·达林—哈蒙德是斯坦福大学教育学的教授，一直致力于提升教育质量。她的一份研究显示，2010年全球最热门的10大行业在2004年还并不存在。"学校所面临的一项新任务就是让学生能够胜任目前还不存在的工作，为尚未发现的产品和问题提供他们的想法和解决方案，并能够使用迄今为止还未出现的科技。"因此我们需要的是一套新系统，在这个系统中，学生的创造性和灵活性能够得到尊重，并且他们能够学到深层次的专业知识。这对于中美教育系统而言都是很大的挑战。

　　来自中产阶级家庭的美国青少年刚一进大学的时候浑身上下都是"家伙"——笔记本电脑、智能手机、游戏机、数码相机、记事本，还有手掌大小的播放器，里面有海量的音乐和视频。他们生长在一个随时可以上网的时代，这种情况不仅出现在美国和欧洲，中国乃至世界各地无不如此。尔尼斯托·普觉是位概念艺术家、博物馆馆长同时也是一名教师，他认为，这种现象意味着关键性、历史性的转变，这一转变需要我们重新思考我们的教育方式。普觉指出，他的艺术和设计专业的学生所接受的教育必须适应我们生活、工作和学习的世界，这个世界如今是一个密切相连、变幻莫测的数字世界。我认为，所有的教育工作者，从小学到大学，都必须面临这一挑战。

　　不管你是否已经准备好，我们都飞速进入了信息时代。网络的存在让知识和观点随处可及。人与人之间的交往也发生了量变和质变，以至于让我们的上一代人感到诧异和不可思议。年轻人，包括来自贫穷国家和地区的年轻人，都通过网络获取知识。突然之间，穷人和富人之间可以逾越社会、文化和国家的界限。全球各国的经济利益彼此相连，随着全球竞争的变化，一国的财富也会迅速发生变化。个人价值观、社会价值观和道德价值观不断地受到其他信仰系统的挑战，但与此同时，也因为其他人的各种各样的经历而得以丰富。良好的教育不仅能够让孩子们在 21 世纪的市场中立于不败之地，而且还能够使这个国家进步和繁荣。

耶鲁大学艺术学院的高级评论员亨利·马道夫认为，学校的知识、目标、实践和教学法都不能令今天的学生满意。他们入学的时候希望"自己能够多才多艺，但是学校的压力让他们反感，同时成长的漫长之路又让他们感到很不耐烦"。无论是在过去还是在今天，最吸引人的教学方法都包含对复杂的真实世界的学习。过去，只有非常优秀的老师和学校才能提供这种教学方法，但是现在如果想取得成功，这种方法是必不可少的。"它强调的是，学生能够用所学知识做什么，而不是学生学到了什么，这才是 21 世纪技能的精髓所在。""教育部门"（这是美国的一个无党派智囊机构，专门研究教育政策和教育改革，并且探索新的教育方法）的高级政策分析师艾莉娜·斯尔瓦如是说道。经济合作与发展组织和其他相关组织的研究表明，复杂的思考和分析技能穿插在教学的每个阶段当中。学生需要在复杂的背境下学习一些基本的技能。他们在跟校董事会写信的过程中学习如何组织好的段落。正如本书第 11 章讲解的一样，洛杉矶四五年级学习的一篇名为洛杉矶河流工程的课文中包含了许多新技能和基本知识，同时教给学生如何去学习复杂的概念。让主题生动化可以帮助学生长久地学习和掌握知识。

如果我们不知道孩子们未来会从事什么样的工作，那么我们可以确定的是，有些技能肯定是必不可少的。托尼·瓦格纳曾经是一

名教师，他在哈佛大学的毕业论文研究的是美国公司的当前需求和工作要求，他发现这些要求都是一样的——从高端的企业到生产车间。公司的组织结构已经变得平坦了，多个部门在一个特定的项目上通力合作已经成了一种办公方式。他们的工作就是一起解决需要解决的问题或者达到他们想达到的目标。方案是未知的，需要大家共同探索。而且，明天有可能和一群完全不同的队友，解决完全不同的问题。

来自各行各业的企业和商业界人士都不约而同地告诉瓦格纳，他们最珍视员工的好奇心和求知欲。"好奇心和创造力不仅对于解决当下的问题十分重要，而且对于开发新产品、提升产品和服务也是必不可少的关键因素。"他表示，并且还补充道，毕业生不光要学会"按部就班的思考，更要拥有强烈的好奇心、鲜活的想象力和巨大的人格魅力"。他们不只需要在自己的组织内达到这些要求，还要学会跨越国界和语言。

许多美国和跨国公司的老板都要求他们的员工能够设计、评价、管理他们自己的项目，能够运用多种资源表达并解决问题、和其他人进行战略合作、以多种方式与他人交流，并寻找、分析必要的信息来帮助开发新产品，并提出新观点。

如果学生还没有准备好迎接这些挑战的话，那么他们将不能够参与未来的全球竞争。但是在很大程度上，中美两国都因为落后的教育系统而滞后。当然，不可否认，我们有很多可圈可点之处，有许多努力迎接这些挑战的老师。但是，我们需要走的路依然很长。两国都需要迫切努力来改善各自的学校，同时，彼此取长补短也能够加速这种转变。比如，过去中国的教育进步主要依赖于狭窄的标准考试来实现，但现在这种考试的影响力正在逐渐减弱，因此美国的教育政策制定者应该从中学习中国的经验。两国的相关部门都应该注意到在中国越来越多的年轻人把乔布斯奉为创新教父。

为了能够让学生学会批判性思维，并且用确凿的信息和推理来支撑他们自己的观点，两国的学校都必须跳出传统的"以书本为驱动、以教师为中心'的教学方法。"从小学开始，孩子们就要学会自己动手去做事情，而不只是坐在教室里听老师讲课。"南京的一名英语教师王燕如是说，同时她也已经有了自己的小孩。她又补充道："他们需要动手尝试，参与到教学当中来。他们需要头、手、脑并用。他们需要走进社区和城市亲自观察。"

从小学开始，科学教学就要指导学生亲自做试验，认真观察并记录试验过程，提出问题、分析真实的数据，并在此基础上提出有依据的解释。对于人文学科而言，学生需要学习如何将真实的信息和理论结合起来，分析国家和社会存在的复杂问题并讨论相应的解决方案。还有一点很关键，即，学生要有良好的知识掌握能力，能够学习重要的信息和概念，能够有效地把自己的想法和解决方案传递给他人。因此，在中美两国，任何能力评价测试都必须评估学生学习复杂事物的能力以及运用理论解决实际问题的能力。

总体而言，中国学生对基础知识的掌握比美国学生更加深入。中国学生在整个初、高中都学习科学知识——生物、物理和化学。从小学开始他们学的数学知识就比美国学生复杂，他们的阅读能力要求理解作者的写作意图，这些比绝大多数美国学生的学习都要深入。美国可以借鉴中国课程中的这些优点，探索如何以此来提高美国的学习环境。另外，我们也要承认，中国学生从学前班开始就被

要求专注于学习，他们比美国学生更擅长做课堂和课后作业。中国学生的专注和自律来源于中国文化本身和中国传统的教育方式，这是不可能复制的。然而，有经验的美国老师发现，当学生处于认真、主动的学习环境中时，课堂行为以及学生的自信心和学习效果都有明显的进步。这些老师知道如何给学生提供主动的学习环境，但是他们往往很受挫，因为学校要求老师使用"标准化"课程，这样就埋没了教师本身的渊博知识。

另一方面，中国的教师也应该研究美国的教学策略，取其精华，为己所用。和中国不同的是，大部分美国学生喜欢团队学习，比起以老师讲解为主的课堂学习而言，这种学习方式能够使学生更好地掌握所学知识。通过合作，他们能够学到各种不同的技能，提出问题，并阐述自己的观点。美国老师把世界各地的演讲者和学习素材搬进教室，组织教学实地考察，带学生去博物馆、自然保护区等地方以拓宽学生的知识范围。学生的优势在于，他们可以运用各种形式和学校内外的各种资源来提出自己的项目并在课堂上演示，老师鼓励学生表达自己的观点，将课堂所学知识运用到实际生活中来。这几年，一些中国老师和美国老师都进行过短暂的互访，并且参观彼此的课堂，但是这种交流过后往往只是提出一些权宜的想法，很难在两国不同的文化中持续下去。电视会议将大洋彼岸的两个国家联系在一起，而且使用数字媒体能够让中美老师有机会进行大量的、长期的交流，这会带来积极的成效。

近年来，中国政府作出了大量的努力来提高教师的教育水平、增加学生的受教育机会。政府提高了教师的地位、素质和工资，增加了大学的数量，正在努力摆脱基于课堂的教学方法。最大的一个变化就是，每个学校每天至少要留出一个小时的时间让老师进行交流合作，他们相互取长补短提升教学质量。在美国，教师的职业成长很有限，小学老师最多一周有一两个小时的时间和同事聚在一起，但通常都是因为一些硬性的工作任务，比如，评估测验结果和课程标准等。美国的高中教师每周有 3 到 5 个小时的教学准备时间，但是很多老师都会利用这段时间改卷子或者准备下节课的材料。教师之间的交流不是美国教育文化的一个常规组成部分。虽然现在因为中小学和大学的合作而形成了一些职业发展组织，但是往往存在时间不长，因为这些组织一般需要外部的资金支持。

我们应该怎么做才能够使我们的学校不断向前发展，使青年一代能够迎接信息时代的挑战呢？当然，在学校转型期间一定会涌现出许多新的方法，但是也有许多已经验证过的方法，我们可以将它们用在中美教学当中。

两国都应该更加高效地解决教育机会不均衡的问题，这一点至关重要。仅仅改变精英教育是不可能实现学习革命的。如果两国想在未来的几十年继续繁荣昌盛就要确保每个人都能参与进来。在解决这一大型的、社会性的问题时不可能做到面面俱到，但是教育改革应该专注于几个方面，旨在让所有的学生都能参与21世纪的竞争，并和全球各地的人士合作共事。接下来的部分中将会提出一些实质性的建议，包括将数字媒体引入教学当中，从传统的课堂教学转变为主动学习和团队合作，开发能够评价复杂学习能力的评估方法。教师和校长是这些变革的实施者，在他们的职业生涯中，应给他们提供充足的预备课程和持续大量的职业发展机会。这听起来似乎很昂贵，但止步不前所要付出的社会和经济代价将远远高于此。

媒体知识

我采访过许多教育家和教师，杰夫·谢尔是其中之一，他认为，帮助学生理解数字化工具和全球互联网的作用十分有必要。作为洛杉矶加利福尼亚大学教师准备项目的顾问，谢尔和城市中的小学老师一起工作。他在拉美地区做过 10 年的新闻摄影师，曾和天主教教徒一起在很多学校教授媒体知识，多次帮助学校大规模应用电脑教学，如今他用自己在这一方面的背景知识帮助新老师适应现代课堂，他说，"在许多学校，人们使用电脑就像使用昂贵的彩笔一样"。

谢尔认为，一方面要更好地使用电脑，但是更重要的是教给各个年龄层的学生"批判性的媒体知识"，让学生能够判断遍布互联网的如洪水般的海量信息。学生需要认识到，任何人，不管他是否拥有文凭或知识，都可以在互联网传播一些信息，这些信息很可能不准确，甚至有些是完全错误或者恶意的信息。学生们要学会鉴别他们看到、听到的信息，从中认真筛选，找出重要的、可靠的信息。

任何年龄阶段的人都要学习如何在这个瞬息万变的世界中与他人交流，在发布信息之前一定要认真思考自己想说什么，要和谁说，这一点至关重要。谢尔引用了洛杉矶加利福尼亚大学一个本科生的案例作为反面教材，这名女同学将一段批评和嘲笑亚洲学生的视频放在 Youtube（全球最大的视频分享网站）上，这段视频引来了大量的批评，有人称这是种族主义，甚至有人威胁她的生命安全，要求她公开道歉并撤下该视频，但是一切都太迟了，她因此离开了大学。谢尔说，"可能有 2000 万人看了她的这段视频"。在数字时代没有到来的时候她可能也跟自己的一两个朋友做过类似的评价。但是现在，不加思考或者考虑不周的信息一旦发布到网上就会像病毒一样扩散开来，带来难以预料的恶劣后果。

这里要传递的信息就是：教师以及教师所教的知识必须深思熟虑以适应今天瞬息万变的世界。谢尔指出："在当今的世界，仅仅会读写只是个笑话，当然，这是你必不可少的知识，但是你需要做的远远不止这些，你要学会运用这些知识。教育需要结合数字媒体技术，利用这些技术，同时帮助孩子形成批判性思维。批判性思维一定是这场变革的一部分。"

拥抱科技

尽管面临如此多的挑战，毋庸置疑，数字媒体的前途仍一片光明。学生从小学甚至幼儿园开始就要学习把电脑当成有力的、创造性的工具来使用，而不是用来娱乐消遣。渐渐地他们就要学习如何运用电脑提出新观点，查找信息，并分析信息的准确性和可靠性，将大量的报道结合起来，把所学知识运用到实际生活当中，并将自己的想法分享给更多的人。现在学生的口袋和书包里都藏着手机，因为中美两国的课堂都禁止使用，而谢尔建议应合理使用手机。大部分手机都有照相的功能，可以用来加快信息的收集并交流观点。新一代可以上网的智能手机用途就更多了。

美国的大多数学校都用计算机来培养学生的基本技能。在富裕的美国社区，学校常常有更先进的数字设备，但是不一定知道如何正确使用。有些课堂给每个学生都配备了苹果掌上电脑，如果不知

道如何使用它们来加强课程学习的话，那将是巨大的浪费。在中国，城市里的小学一般能确保每个教室有一台电脑，老师用它来展示教学内容和课本知识。初高中的学生则学习电脑的应用。在一些农村地区，老师可以上网获取教学材料，但是如果要帮助所有的学生明智地使用电脑设备，学生需要以综合的课程学习为目标来上网，这在两国都还不能。

交互式学习

中美学生在中小学所学的东西必须改变。这并不意味着抛弃一切，而是要重新思考在 12 年甚至更长的教育中学生到底需要学习什么。中国政府早在 1998 年就开始重视知识经济，同样在美国的许多教育会议上这也早就成了热门讨论话题——知识经济要求变革。

中美前瞻性的教育专家都一致认为当学生在交互式的学习情境下建立并使用一个良好的知识库时，学生能够学得最好。像鹦鹉学舌一样反复回顾课本或老师所讲的内容效率并不高。学生需要评价真实的问题，用确凿的信息和推理提出自己的解决方案。当然，这就意味着学生要认真学习读、写、计算和分析，但是必须尽可能早地教给学生如何把这些知识运用到每天的生活当中。

默罕穆德·查德利是洛杉矶一所初中的青年教师，这所学校很贫困，学生多是拉美后裔，他成功地将这一方法与批判性的媒体认知结合在了一起。一般而言，到六年级英语还不好的同学往往发展不会很好，因为他们对自己的学习前景感到失望，并且怀疑自己的学习能力。但是查德利的六年级学生自有一片片新天地，因为他要求班里学生用全新的批判性的方式来探索他们的社会环境，借此学好英语。

查德利给学生布置的任务是调查报纸、电视和宣传材料关于他们所处环境的报道。他们发现这些报道信息无一例外都是消极的，充满诸如"贫穷肮脏"、"拉帮结派"、"拥挤不堪"、"毒品泛滥"和"不法之徒"之类的字眼，并且附上图片来加强负面印象。尽管媒体在玷污这里的名声，但是他们发现这里有一些很好的学校、许多绿树、整洁的公寓、美味的古巴餐厅等等。这项作业让学生们认识到信息总是从某个人的角度出发来叙述的，可能有局限性，甚至不准确。

查德利鼓励学生向这些负面形象发起挑战，让世界知道他们居住的地方不光有"拉帮结派"，还有许多好的方面。他们徒步进行实地考察，逐个街道搜集材料。他们采访社区的居民并给他们照相。回到课堂，他们一遍遍地讨论分析这些搜集来的材料，拷问他们的发现。他们做PPT（这一项应用在很多电脑课堂上往往被忽视了）来讲述自己社区的优点，首先在学校和其他班级的同学分享，然后在加利福尼亚大学洛杉矶分校的教育会议上和来自城市另一端的人分享。在这个过程中，查德利的学生不仅极大地提高了他们的学术技能和自尊，而且大部分学生提高了说和写英文的能力，从而能够进入主流课程学习，这样就为他们以后的学业有成铺平了道路。

全球意识

知识经济还要求学生能够在文化上适应多种语言、多种角度和不同的价值观。在中国所有的小学，所有的学生从三年级开始都必须学习英语，许多学校甚至在更早的时间就已经开始了。中国学生

在整个中学生涯中都要持续学习英语。美国学校在小学的时候逐渐将语言学习融入其中，主要是通过双语志愿项目，但不幸的是，许多孩子在家说别的语言而不是英语，而学校并不欢迎这些孩子讲自己的母语，不欢迎他们将丰富多样的语言文化带到学习环境中来。在美国有些地方，人们来自五湖四海，他们逐渐学习如何和不同文化背景的人打交道。中国没有这种优势，因为90%的人都是汉族。然而，一些有钱人的孩子有机会通过参加寄宿家庭和交换项目接触到异国文化。因为全球化的速度限制，目前这些尝试还有很大的局限性。

在美国有许多项目帮助学校拥有全球化视野，其中两个就是国际学位（the International Baccalaureate, 简称 IB）学校和德奥瑞拉（De Orilla a Orilla）项目．前者是1968年起源于瑞士日内瓦的一个项目，成立之初是专门针对联合国代表、职员和来自不同国家的国际员工的子女，该项目的课程主要是关注国际利益和挑战的时事单元和主题。现在这个项目已经遍布包括中美在内的141个国家，IB的老师必须用"提问和分析"的方法上课，而且学生要深入学习一门除自己母语以外的语言。位于洛杉矶学区的梅勒小学正在申请IB项目，该校校长路易斯·卡里诺说，他和学校的老师们针对能不能调整学校的课程已经计划了很多年。他们的西班牙－英语双语教学项目已经成功培养了许多真正的双语和双文化学生。他们现在希望给学生提供全球化的视野和学习技能，以便他们能够在21世纪的信息时代立于不败之地。他们所面临的一个挑战就是将传统教学法转变为"探究教学法"。他们很清楚这将是个不小的挑战，但是仍然决定要努力实现这一转变。

德奥瑞拉（在西班牙语中是"天涯海角"的意思）项目是1985年启动的一个非常前沿的教学项目，该项目提供一个教学网络平台，促进不同国家的老师和学校之间的合作。它帮助项目的参与者（学校）通过邮件和电脑会议分享他们的数据和研究结果。其中的一个具体项目就是，来自美国、波多黎各、阿根廷、南非、中国和澳大利亚的中小学生一起探索和分析搬到一个新地方会怎样。目的是通过分析研究来提出建议使得新入学的学生更好地适应学校。参与者询问自己身边的一些大人，想知道当他们年轻时搬到一个新城市或新学校的感受。他们希望这个新地方是什么样呢？但事实上又是什么样呢？谁帮助他们适应新环境？然后他们又拿这些问题问有过转校经历的校友，之后他们和学校其他班级一起讨论，再和其他国家的同学一起讨论。最后大家共同提出一些好的方法帮助新来的同学适应学校环境。另一个德奥瑞拉的项目是将数学和学生的日常生活以及身边的社区结合在一起。这个项目已经发展好几年了，现在包括厄瓜多尔、孟加拉国和埃及在内的共14国家的27所中小学参与进来。这种类型的国际合作前景无限，能够让学生学会应对重大调整。德奥瑞拉的工作人员说，当学生们和来自完全不同的地理、文化或语言背景的人写信交流时，他们不能想当然地认为其他的学生也和自己的想法、背景完全相同，这时候他们就要学会如何退一步重新思考他们生存的世界。

提问和分析

如果我们想让年轻一代成为能够迎接挑战的创新者，他们不仅要掌握基本的技能还要有询问的技巧以及分析的能力。尽管美国学

校里开放式的提问－分析教学比中国学校要多得多，但是最近在中国二年级学生的一堂课上我发现在中美两国可以从小学乃至幼儿园就开始使用这一方法。

我观察的老师叫梁娜，她是中国东部一个小班教育的学校的数学老师，她很娴熟地通过尝试错误法和小组合作的方法引导学生帮助他们在充分发挥想象力的同时掌握学习内容。

梁老师脚步轻盈地走进教室，和班上的 22 名二年级学生打了招呼，然后课程就这样开始了。

"我有一个问题问你们。"她说道，"如果我想去五年级，你们认为我应该怎么走呢？"她那天要讲的内容是位置，即，横向、竖向摆放东西，但是整堂课她都没有提及这个专业名词。她通过学校和教室的环境布置以及课本和投影仪上的二维例子让学生掌握这一概念。

有几个人举手了。

"林淼。"

"我觉得你首先要上到四楼去。"林淼说道，神情犹豫地向楼上指指。

"去四楼，对吗？非常好，那如果我想去六年级怎么办呢？"

几个同学迅速举手，一个学生脱口而出："老师，让我回答吧"。这个学生实际上已经动脑参与进来了，正在思考他熟悉的这个世界。

"好，那你告诉我们大家吧。"

"从这边或那边上楼。"

"上哪一楼呢？"

"三楼。"

梁老师继续问了一些学校的地方，并且告诉同学们这些地方叫做"位置"。但是她又给学生留了一个小问题：她进学校的时候在校门口碰见了班上的一个同学，这个同学跟她打了招呼。她让大家猜猜这个人是谁。

"我给大家一些提示，他坐在第三排，第二个桌子，这个人是谁呢？他在第三排是第二个。"学生们都活跃起来了，他们急切地想加入这个游戏，愿意承担回答错误的风险，比以前我见过的任何中国学生都要积极。

一个孩子说："可能是郑子涵。"

"郑子涵，你站起来，给我们大家数一下你在第几排好吗？"他站起来，开始数自己的排数，第一排，第二排，第三排，就是这儿了。然后梁老师又让他数一下自己在第几个桌子，第一个，第二个，没错，就是第二个了，这就是他的位置。

"还有不一样的答案吗？"她又问道。又有同学举手，说了他们认为的第三排第二个人。她故意没有告诉学生的一个线索就是从哪一排开始数。是从教室的左边、右边还是前面数算第一排呢？这是个非常重要的信息，她想让学生们自己发现，增加学生解决问题的经验。学生们发现有好几个同学都是坐在第二个位置上，此时他们皱起了眉头，因为不可能那么多学生都坐在同一个座位上。

终于，一个学生提到了"从前面数"，然后老师问她："从前面数什么意思呢？"梁老师继而让这个女孩数，女孩犹犹豫豫地数了。女孩是从教室的前排数起，算作第一排，座位则是从左往右数的。

"你们认为她这种数法对吗？"

"不对。"他们答道。他们的批评都是充满了友好的口吻。尽

管她有些尴尬，但是她并不觉得丢人。这个游戏是非常善意。她重新又数，但是老师制止了她。学生们的脸上写满了困惑，但是他们很喜欢这个游戏。

"你不能从一个方向数排数，然后从另一个相反的方向数这一排的桌子。我叫了三个同学来回答这个问题，但是没有一个同学告诉我为什么你们说的这个同学是在第三排的第二个桌子。"

和中国课堂里其他的学生不同，梁老师的学生敢于冒险，明知道可能回答错误，还是要回答。她的学生很信任她，所以她给他们更多的挑战。

"现在，我要大家再好好想想，为什么在似乎只该有一个学生符合条件的情况下我们找到那么多学生呢？背后的原因是什么？大家按照四人一组组成小组一起讨论，由小组组长负责。好好想想：为什么会出现这种情况？"

梁老师一组一组地倾听，给他们提供线索，并且问他们从哪儿开始数的。"从这个角。""你认为哪儿是前面？"她通过问学生一些启发性的问题有技巧地一步步引导学生解决问题。

学生小组讨论完毕、缩小了分歧之后，她让大家都回到自己的座位上去。

"好了，谁能告诉大家你们小组讨论的结果是什么？告诉我们为什么有那么多不同的情况出现？你试试吧。"她说道，让一个穿粉红毛衣的女孩回答。

"因为他们是从不同的方向数的。"这个学生非常自信地回答道。老师让她说具体点，这个女孩指出每个人都是从不同的方向数的，有些同学从右往左数，有些从左往右数，有些把黑板和幻灯片的地方算作前排，从那儿数起，也有人从教室后面的布告栏开始算起。

梁老师重复了一下这个女孩的答案，然后转向投影仪上的补充材料。她把课本上的一幅图放在了投影仪上，这幅图是几个卡通动物一排一排地做运动。起点已经给出来了。她让学生选定一个动物，然后告诉自己的小组这个动物所在的位置。然后，她又让学生把具体动物的位置看作一个班级，每次找一位同学来找出它的位置。对于犹豫不决的同学她就会进一步讲解。之后学生又尝试用图形找到大型建筑里的某个公寓，然后找到书架上的某本书。最后一个课本上的任务就是让学生把不同形状的几何图形放入带有编号的格子里。"把粉红的三角形放进第四排第三个盒子。""把蓝色的正方形放进第二排第一个盒子。"最后似乎所有的同学都知道怎么定位屏幕和教科书的某个位置。

但是梁老师并没有就这样结束这堂课，最后的活动测验了学生是否能够应用所学的知识。她让每组的组长给每个学生发一片纸，纸上给每个学生安排了新的座位，把整个教室看成一个列阵。学生们按照指定的起点位置，有的移到第二排第三个座位上，有的移到第一排第四个座位上，等等。学生们在教室里到处转悠寻找自己的新位置。有些人数过之后立马就找到了自己的位置，有些人踌躇了一会儿，问问其他同学，也找到了自己的位置。但是有些同学始终没有找到自己的位置，通过这个活动梁老师很容易就明白哪些同学掌握了这个概念，哪些同学没有。

学科知识

梁老师的课堂让二年级的学生从空间的角度思考问题、和同学合作找到解决方案、检验他们的观点、推断课本上的图形。最终，她用像抢椅子一样的游戏让学生解决相似的问题。她设置了一种有组织的，而又半开放的情景来给学生介绍这一数学概念，并加强了学生对这一概念的理解，在这个过程中，她鼓励这些年轻的孩子积极思考。梁老师事实上是在引导这些孩子成为独立的思考者，能够运用证据来找出问题的解决方案。

这种教学方法需要老师掌握专业的学科知识。梁老师之所以能够通过提问的方式来引导学生，一部分是因为她自己能够完全理解位置。她知道学生会在哪些地方出错，能够帮助学生找到问题的症结。单纯的讲课并且告诉学生答案当然容易，但是通过复杂的思维引导学生却需要老师有专业的学科知识。

在中国，所有的教师——小学、初中和高中——都需要掌握自己的专业知识。在美国只针对初中和高中老师才要求他们有自己的专业，小学老师则不需要。在考取教师资格时，小学老师需要学习如何教阅读以及语文、数学、科学、社会科学、艺术、音乐、健康和体育教育等各种五花八门的知识。大部分美国小学老师缺少专业学科知识，因此不能引导学生深入调查分析某一个话题。这就向我们提出一个非常严重的问题：是否美国老师也需要像中国老师一样具有某门专业知识，或者他们更应该专注于了解学生的需求？这个问题需要认真思考，不可小视。

无论这个问题最终如何解决，美国所有的老师也都会像中国老师一样从教师合作性小组中受益，这种合作能够帮助他们分析什么样的主题和技能需要深入讲解，并且不断改善自己的教学方法。

评估学习

我们怎么衡量中国梁老师的课堂和美国查德利的课堂所教授的复杂技能呢？评估对于任何一个教学项目都是至关重要的一部分。它能够帮助我们了解学生掌握得怎么样，学到了什么东西，老师应该如何改进课程来帮助学生充分理解一些概念。然而，今天的大多数考试都只能检测学生是否已经学了某一点知识。当然，这无论对于今天还是明天的教育而言都是不够的。教学测验指导教学，我们迫切需要和我们目标一致的教学评价方式。现在已经开发出了一些创新性的、针对具体学科的评价工具，计算机程序中的模拟世界和假象情景可以稍作调整用于教学评价。许多已经在开发的过程中了。还有一些项目在政策制定者和教学管理者眼里都太过昂贵。然而，计算成本的时候应该考虑到每个学生的总花费以及长远看来更加复杂、更加准确的评价系统带来的价值。

国际学位项目（the International Baccalaureate Programme）30 多年来都要求评价学生的表现以及每个学生的档案。凡是使用过这一评价方法或者其他综合评价方法的人都反映很好。这些评价要求学生从多个方面掌握知识：写作、口语以及实验数据。老师在给学生打分之前需要接受培训，学习如何使用这一评价。当大规模应用时，比如应用到 IB 高中文凭课程或者加利福尼亚教师资格认证课程，考官都是需要培训的，而且考试人需要付费。

费用往往决定测试方法。据美国政府会计办公厅评估，2003 年，北卡罗来纳机器打分的多项选择题每道题成本是 60 美分，而马萨

诸塞州一些开放式的问题，每道题的成本大约是几美元。大学和工作准备情况评估是 90 分钟的开放式问题测试，所有评分都是由人来完成，测试结果能够更加真实客观地反映学生的情况，每份测试花费 40 美元。尽管教育政策制定者可能觉得 40 美元太贵了，但是在美国一个学生每年的花费将近 9000 美元，因此测试成本只占 0.44%，还不足 0.5%。中美的教育机构应该从更长远的角度思考一些帮助学生学习和教师教学的测试方法，而不是限制这些方法。

职业发展

大量的专业培训是必不可少的。"老师经常在缺少必要工具的情况下被要求做一些事情。"加利福尼亚帕萨迪纳学区的前任校长和科技合作人詹尼弗·于赫如是说道。只做一半还不如不做。老师需要大量的、持续的职业发展。比如，要想成为国际高中毕业文凭学校（IB 学校），学校的老师和行政人员需要做好几年的准备工作，向 IB 专家学习，教师之间相互合作调整教学课程。他们必须学习用提问的方式教学，这就要求老师首先得学会提出问题，然后编排"提问性"的课堂。学生需要指导性的实践学习，同样，老师的知识也需要得到尊重，并且要有机会学习新的教学方法。这肯定需要时间，中国的教师合作小组能满足这一点。

近年来，一些国家在教师的职业发展方面投入了大量的资金，学生的进步非常显著。他们都提到了琳达·达林－哈蒙德在书中关于数字时代教育的表述。在这些国家里，"教师有时间合作，共同规划、学习，彼此指导、开发课程和评估方案，共同评判学生的作业"。她在书中说道，在比利时、匈牙利和芬兰这些国家里，老师有时间在工作日或周末促进自己的职业发展，并且老师有机会分析、提升自己的教学实践。在新加坡，老师"有时间学习并评估自己的教学策略和学校的教学项目"，和同事分享自己的研究发现。但是，在美国，没有像这样支持教师职业发展的系统。

路在何方

在我对中美学校的观察过程中，我发现当基本技能和复杂思维相结合，并且教学材料和学生的生活息息相关时，学生的学习效果最好。当小学生写一些对他们而言重要的东西时，他们的写作技巧掌握得最好。当学生将基本的数学概念与复合性问题的解决联系起来时，学生对这一数学概念学习得最好。在中美两国都有一些像这样的教学方法，但是两国的教育系统需要确保在教学的每个阶段都能将复合性思维和技能学习结合起来。

变化不是一蹴而就的。尽管如此，我发现中国的课堂从上世纪90年代开始越来越活泼，学生对课本越来越感兴趣，教师也能让学生更加活跃地参与到课堂中来。美国的学校开始给老师提供合作共事的时间，并且意识到了教师合作的重要性。特许公立学校不像其他学校一样要受到许多制约，其交互式学习让学生更加积极、更加认真。然而，两国的教育系统都受到考试的制约——中国有考试的文化（正在努力摆脱这种文化），而美国则不能超越简单的测试。但是中美两国的学校都有许多各自的优势。

让我们想象一下，中美两国的教育者和管理者汲取彼此最成功的教学方法，彼此学习，共同探究课程和教学方法以充分发挥学生的想象力，开发他们的创造力和解决问题的能力，用缜密的、创新

性的思维来传授知识，如果这样的话，会给我们两国带来什么呢？在这个跨文化合作的过程中，每个人都会受益匪浅。

中美的孩子潜力巨大。他们所接触到的数字化世界成人还没有完全掌握和理解。我希望看到两国将这种潜力和发展变化的数字化世界融入到综合性的学校教育中来，以解决21世纪我们面临的挑战。在这里，学生参与其中，老师以及教育管理者也是学习群体的一部分，这样的学校教育注重改善教师的教学水平。

这是极其严峻的挑战，也是振奋人心的挑战。如果我们准备去迎接这些挑战，那么年轻人和子孙后代都会受益无穷。